光緒上虞縣志校續

8

紹興大典

史部

中華書局

上虞縣志校續卷四十七

文徵外編一

上薦孟嘗書

漢　楊喬

臣前後七表言故合浦太守孟嘗而身輕言微終不蒙察區區破心徒然而已嘗安仁宏義耽樂道德清行出俗能幹絕羣前更守宰移風改政去珠復還饑民蒙活且南海多珠財產易積掌握之內價盈兼金而嘗單身謝病躬耕壟次匿景藏采不揚華藻實羽翮之美用非徒腹背之毛也而沈淪草莽好爵莫及廊廟之寶棄於溝渠且年歲有

訖桑榆行盡而忠貞之節永謝聖時臣誠傷心私用流涕
夫物以遠至爲珍士以稀見爲貴櫱木朽株爲萬乘用者
左右爲之容耳王者取士宜拔衆之所貴臣以斗筲之姿
趨走日月之側思立徽節不敢苟私鄉曲竊感禽息亡身
進賢

太平山銘　　晉　孫綽

嵬峩太平峻踰華霍秀嶺樊縕奇峰挺崿上干翠霞下籠
丹壑有士宴遊默往寄託肅形枯林映心幽漠亦既覲止
渙焉融滯懸棟翠微飛宇雲際重巒蹇產洞溪縈帶被以

青松洒以素籟流風佇芳祥雲停靄

上虞帖　　宋　陳彭年

上虞素出四緊紗欲煩置一端慮公不見允不敢寄錢去果或相諾卽後便寄錢或銀子去次然得絕佳者爲妙或欲以所直置蘇物及留太君處皆可也然亦無固必可否俟命而已彭年上　案此大中祥符參政右僕射陳文僖公上虞帖見岳珂寶晉齋法書贊珂曰一紗之置委曲鄭重如此又有以攷先朝士大夫約素之風焉

劉氏義門記　　趙抃

熙寧十年余守越州聞上虞峨眉鄉劉承詔同居者四百

餘人同籍者十世具以上聞乞不以常制旌表俾厚風俗
詔許可命有司於其所居建綽楔門門外左右以土築臺
高下廣狹至於赤白之飾皆如敕之格而常賦之外悉免
徭役與仕者等嗚呼觀朝廷所以奬善褒義之意何其至
哉孟子稱君子之澤五世而斬謂其流竭而服盡則尊親
替矣若劉氏同居既以十世不下三百餘年萃籍已四百
指亦不常有於世者矣夫三百年之間歲有豐凶情有戚
疏設爲之長者不有恩誼禮讓固結於一家則不待數世
以降分裂殆盡今代遠丁繁志壹氣聚而不忍別居者亦

以當時之人能整肅慈順以詔後人而後人復能繼其先志故曠日持久不爲時之所遷吁洵盛事也元豐三年爲余謝政之再歲承詔持其勑自越來衢乞余記刻諸石余以爲世不常有興事之甚盛者固宜暴諸當時以垂後世想過其門望其臺觀其勑語則敦睦者孰不勉夘異者孰不愧所施至約所勸至博尤望後嗣子孫繩乃祖武永世勿替以仰稱朝廷褎旌之至意則斯劉氏子也非特爲閭里榮行將爲郡縣式王國光矣余故樂得而爲之記

嶗山賦　王十朋

名境嶗山程途往還望高坡而峭峻登聳嶠以塡彎上與雲齊霧擁於烟蘿之內下臨水際舟横於巨派之間原夫勢接江湖支分台越嵮嶷峰巒崔嵬孰埒懸崖則時時瀑布深谷則年年積雪華岡蔚密南乘謝朓之巖崯徑陰森北依趙公之阜上多名木內足坑谿猛獸或過酒蕩靈禽忽翥蘆栖兩畔澗流四面雲低武肅王駐舸吟哦歎斯境絕異謝靈運彈飛巖嶂慕此地堪棲夜夜雲生朝朝霧起岩峉嶔嵜岧嶤嵬嶇三春之桃李芳芬九夏之林巒蔚翠梁王別室歸建業以登天陳廓漂流立靈祠於此地杳杳

冥冥勢連嵊亭龍吟虎嘯水白松青上館嶺兮龍宮梵宇
箬嶴嶺兮夫人石形有良工而巧琢或走獸以奔星豈勞
嬴政役鬼神之力休說梁元呈圖畫之靈昌一邑之黎元
疲民蘇矣鎮三方之土地訟者咸寍至矣哉玩此山體面
最奇形容殊麗黃沙碌磯兮水岸碧嶂嵯峨兮雲際樹矗
崚嶒枝纏薜荔石闌干險以崎嶇何皤水渺而搖曳周圍
四顧相同華頂之前宛轉羣峰猶若苧蘿之勢西原伏豹
東崞飛龍墩突兀兮白竹水潺湲兮鳥峰綠雲映於野外
翠羽鳴於山中洞倚巑岏之石巖欹偃蹇之松嶺峻則月

華易度林高則霜霰難融郲郭祠前且見井坑之跡皇書
亭畔又看麖滯之蹤莫不雲雨瀟瀟枝柯浩浩或賢者玩
而昇騰或智者賞而辭藻懿乎可以尋眞思之而即悟道

跋李莊簡公家書　陸游

李丈參政罷政歸鄉里時某年二十矣時時來訪先君劇
談終日每言秦氏必曰咸陽憤切慨慷形於色辭一日平
旦來共飯謂先君曰聞趙相過嶺悲憂出涕僕不然謫命
下青鞵布韈行矣豈能作兒女態邪方言此時目如炬聲
如鐘其英偉剛毅之氣使人興起後四十年偶讀公家書

雖徙海表氣不少衰丁寍訓戒之語皆足垂範百世猶想見其道青鞵布韤時也

新除開府儀同三司充萬壽觀使楊次山辭免不允詔

樓　鑰

朕維新庶政豫建儲闈屬時戚閈之賢久安均逸進視鼎司之貴豈曰示私卿素廸忠勤居懷靜退謹容儀而就列允爲耆艾之英養威重以闔門尤服滿盈之戒逮茲播告曾靡巽辭覽巽牘之亟陳顧謙懷之難徇其祇成命毋咈予衷

右武大夫文州刺史知閤門事楊谷辭免除觀察使不允詔　樓鑰

爵惟馭貴當昭示于至公恩以及親遂優加于彝典卿起由戚畹列在朝紳入儀賓閤之司歸服家庭之訓克存孝謹不見驕盈爰稽閱歲之勞超進觀風之秩需章來上幾不自勝涣汗旣頒固難曲徇其益堅夫素履庶長保于令猷

右武郎知閤門事楊石辭免除觀察使不允詔　樓鑰

名器至嚴豈容于輕授恩榮加厚遂越于常規卿毓秀后家通班朝路素有義方之訓密參賓贊之司居存忠勤深避權勢爰攷踐敭之舊躐升廉問之華成命旣行固辭反汗遜辭來諗尤見益恭其體至懷以永終譽

開府儀同三司楊次山生日詔　樓鑰

卿志樂燕閒躬持廉靖時當初度宜介多祥是爲戚閒之華爰厚上方之錫

知閤門事楊谷乞祠不允詔　樓鑰

卿戚畹之良周行素謹職司賓閤寵昇廉車忽來祠館之

間欲侍家庭之佚且弟兄並列于朝著以何嫌倘父子退休在眷私而有歉惟益崇于謙靖亦奚慮于滿盈其服厥官毋庸有請

楊次山再辭免開府儀同三司不允批答 樓 鑰

省表具之朕愛惜名器惟賢是予由掌武之官而視儀揆路品職益崇其可輕畀卿以肺腑之親服在爵位靖共自飭廉介有餘爰示優恩用孚至意而又何辭焉毋復重陳亟宜就列

口宣有敕卿聯芳椒掖均逸琳宮爰開公府之華實視

台躔之貴其祗茂渥毋事牢辭

回上虞杜君昆仲啓　　樓鑰

伯氏決科出世眞成于一佛華宗積慶克家又見于二難琴劍躔門文書銜袖大篇見憐才之切長箋知種學之深陳義甚高撝謙似過有如衰悴自揆庸疏論道德則虛負于初心言文章則難追于古作徒勤盛意祗益厚顏尚冀融明均垂孚照

跋李莊簡公與其壻曹純老帖　　樓鑰

韓文公潮州表柳河東中山劉賓客謫九年文愈奇而氣

愈下盛哉本朝諸公如忠宣之德度元城之勁節東坡先生英特之氣行乎患難高掩前人莊簡公流竄瀕死重以愛子之戚尤所難堪家書中言議振發略不少貶其氣何如哉三誦以還慕仰不已純老姓曹氏諱粹中吾鄉之善士有詩傳行于世眞冰玉也

跋李莊簡公與傅樵風帖　　　　樓　鑰

建炎四年金陵潰卒四散三月戚方旣殘廣德五月遂圍宣州鋒不可當參政莊簡李公時爲太守無兵可恃亟設方略招潰卒于郊野厚待之以爲用戚與其副竝馬近城

指畫攻具公以一書傅矢射副馬前大略言戚乃凶寇天誅必加汝爲將家何至附賊二人相顧曰此閒我也攻稍緩始得爲備詔遣統制巨師古劉晏率兵救之晏戰死第三帖所言巨劉爲此也嘗巡城親以鐵扇障面而賊箭正中之危機屢矣舊曾問于老校退卒而得其詳經略潘公其婿也嘗言公當危時寘匕首枕匣中與家人約曰城不可必保若使人取匕首則我必死汝輩亦俱自戕無落賊手一日危甚果遣人至一家慟哭旣而報少寬矣公誓以死守勵志如此故將士用命賊遯而城全郡人至今祠事

之觀所與給事傅公手帖則所聞益信二公里人忠義相
勉風節凜然皆可畏而仰哉

雙筍石贊　齊唐

峩峩雙石百仞劍立下無根柢對若拱揖若梯太山將窺
金繩如架倒影遂登青冥擘捧日月觸拏風霆鵬鷃脅息
猿猱骨驚我聞帝軒洞庭張樂建牙植虡太音乃作抑盤
古死膏川體岳遺簪墜笏挺持磨錯史失其傳人遺萬年
得非茲石遺像在焉惟岳有神憑靈洩怒誕作忠賢蓄爲
雷雨若歲大旱羣氓失怙六龍欻駕振起枯腐惟石之巔

花蕚爛然攢峯翠環燒空火鮮我宋定鼎三后陟天四海
遏密萎疎不妍上御宸極花復蕃息石乎神乎與國休戚
掎松徂徠析柏新甫作廟[弈弈]俾萬民覩有稷惟馨有酒
惟酤牲牷孔碩坐奠兩廡千區萬疇禾黍油油神來雲輿
神去雨收滋衣食源消凍餒憂捍我大患無貽神羞

李莊簡三字帖贊　岳珂

秦禍滔天鯨洶九淵淪胥以顛而我謂不然如公之賢泰
山巋然奔流百川何傷乎一卷野史所編人心之傳匪石
則遷誰爲之燎原兩家之先義比仲連覽此卷焉不知其

涕漣

附原帖

光悚息朝請郎吳師直作吏能盡公廉勤三字通知財穀兵刑之要蓋實才也僕初昧平生頃在宛陵知之相隨累年建康以參議通判兩辟之命未下而僕以罪去今待遠闕欲得一攝職以活幼累望公稍以吏事試之有不如所舉僕爲妄人矣光再拜

答潘端叔　張栻

大抵讀經書須平心易氣涵泳其間若意思稍過當亦自

失卻正理要切處乃在持敬若專一工夫積絫多自然體察有力只靠言語上苦思未是也事親之心至親至切古人謂起敬起孝更須深體而用力焉

答潘端叔　張栻

細觀書辭有務實近本意味良愜所望致知力行要須自近步步踏實地乃有所進不然貪慕高遠終恐無益近來士子亦往往有喜聞正學者但多徇名遺實反覺害事閒有肯作工夫者又或不耐苦辛長遠若非走作即成閒斷亦何益也吾友勉之論語不可一日不玩味伊川易傳亦

宜細讀某近年來讀此二書益覺有深味耳

答潘恭叔書　朱熹

示諭爲學之意甚善然不須如此計較但持守省察不令間斷則日用之間不覺自有得力處矣讀詩之說甚善頃見祁居之論語說此一段亦好大槩如來諭之云也其他各據偏見便爲成說殊不能有所發明此固無足怪者而伯恭集解首章便引謝氏之說已落一邊至桑中篇後爲說甚長回護費力尤不能使人無競不審亦嘗致思否近年讀書頗覺平穩不費注解處意味深長修得大學中庸

語孟諸書頗勝舊本禮記須與儀禮相參通修作一書乃可觀中間伯恭欲令門人爲之近見路德章編得兩篇頗有次第然渠輩又苦盡力於此反身都無自得處亦覺枉費工夫熹則精力已衰決不敢自下工夫矣恭叔暇日能爲成之亦一段有利益事但地遠不得相聚評訂爲恨如欲爲之可見報當寫樣子去也今有篇目先錄去此又是一例與德章者不同也綱目亦苦無心力了得盡心目俱昏不耐勞苦且更看幾時如何如可勉強或當以漸成之耳

又　　朱熹

學問根本在日用間持敬集義工夫直是要得念念省察讀書求義乃其間之一事耳舊來雖知此意然於緩急先後之間終是不覺有倒置處誤人不少今方自悔耳詩說已注其下亦未知是否更告詳之大抵近日學者之弊苦其說之太高與太多耳如此只見意緒叢雜都無玩味功夫不惟失卻聖賢本意亦分卻日用實功不可不戒也范公立子之說誠有未盡然太王之明太伯之讓王季之友皆有非唐高祖父子所及者蓋此意思不是一朝一夕揑

合得成故范公[盈]守經據正而不敢據以用權達節論之
也儀禮已附高要范令去不知今已到否此等功夫度有
餘力乃可爲不可使勝卻涵養省察之實也

又　朱熹

敬之一字萬善根本涵養省察格物致知種種工夫皆從
此出方有據依平時講學非不知此今乃覺得愈見親切
端的耳願益加功以慰千里之望禮記如此編甚好但去
取太深文字雖少而功力實多恐難得就又有擔負耳留
來人粲日欲逐一奉答所疑以客冗不暇昨夕方了得一

篇今別錄去冊子必有別本可看卻且留此俟畢附的便去也儀禮附記似合只依德章本子蓋免得拆碎記文本篇如要逐段參照卽於章末結云右第幾章儀禮卽云禮記某篇第幾章當附此不必載其全文只如此亦自便於檢閱禮記卽云當附儀禮某篇第幾章又如此大戴禮亦合收入可附儀禮者附之不可者分入五類如管子弟子職篇亦合附入曲禮類其他經傳類書說禮文者並合編集別爲一書周禮卽以祭禮賓客師田喪紀之屬事別爲門自爲一書如此卽禮書大備但功力不少須得數人分手乃可成耳所諭

讀通鑑正史曲折甚善學不可不博正須如此然亦須量力恐大拽出精神向外減卻內省功夫耳

答潘端叔書　　朱熹

示諭講學之意甚善甚善但此乃吾人本分事只以平常意思密加巹實久遠功夫而勿計其效則從容之間日積月絫而忽不自知其益矣近時學者求聞計獲之私勝其於學問思辨之功未加毫末而其分畫布置準擬度量之意已譁然於其外矣是以內實不足而游聲四馳及其究也非徒無益於己而其爲此學之累有不可勝言者惟明

者思有以反之則朋友之望也

又　　　　　　朱　熹

示諭子約曲折甚當渠所守固無可疑但其論甚怪教得學者相率而舍道義之途以趨功利之域充塞仁義率獸食人不是小病故不免極力陳之以其所守言之固有過當若據其議論則亦不得不說到此地位也承需論語或問此書久無功夫修得只集注屢改不定卻與或問前後不相應矣山間無人錄得不得奉寄可只用舊本看有不穩處子細諭及卻得評量也今年諸書都修得一過大學

所改尤多比舊已極詳密但未知將來看得又如何耳義理無窮精神有限又不知當年聖賢如何說得如此穩當精密無些滲漏也

祭潘左司文

朱熹

維紹熙元年歲次庚戌七月癸丑朔二十有八日庚辰具位朱熹謹致奠於近故太平顯謨左司使君契丈潘公之靈嘗謂論世之學士大夫優於學行者政事之才或未必達精於政事者學行之趣或未必醇就使能兼二者之長則於去就出處之大節又或未必能無所愧也惟公文學

之華行義之實既有以成於身而信於友及其典州郡殿
藩服則其聰明仁愛精審持重所以惠柔良而讋姦暴者
又卓然非今之從政者所能及爰及晚歲稱疾臥家懇避
詔除引義慷慨是其見幾之明守道之固應變從容不可
回撓又足以關讒慝之口而奪之氣嗚呼是亦可謂志力
之備德業之全而無歉於爲人矣謂當復起及此聖朝卒
究所施以慰士論何其奄忽遽即夜臺凡在聞知莫不傷
悼況熹不敏辱知最深書疏相尋問遺勸勉勤懇之至久
而不忘聞訃失聲涕霣心折顧以衰病復窘王程遠此踰

年始克布奠鄉風引首悲恨來并惟公不忘鑒此誠意嗚
呼哀哉

答李孟傳書　　　　　　　　　　　　孫應時

前歲秋得侍見鄞江其後歲除始聞遂安趣戍去春匆匆
此來不及以書稟敘非當時敢隱情不言也今歲二月郡
中候吏遞至尊翰乃去臘所賜得審解組東邑晉階副郎
不勝鄉曲區區贊慶之私惟中興大臣子學術治行趾美
不墜歸然獨殿諸公至今惟門下一人向來掩抑棄置人
亦無謂既自脫吏部常格及齒髮未衰聲績昭著近臣大

官宜可亟開薦口引寘臺閣矣然猶未聞何也某孤生小物汩沒沈濁乃分之宜心所兢兢惟恐負名義毁廉恥爲父兄師友羞敢有他冀仰軫愛念感惕何言稟謝稽遲負罪甚大併丐昭亮

又

孫應時

前年拜書蒙賜答之重去冬喜聞千騎西征失於偵伺修賀已而瞻望逾遠竟缺音敬區區慕仰之心無日不馳於廬阜之陰湓浦之側想象庾樓風月如聆嘯詠之音也便中忽領教札存問温厚重拜藥物之惠極濟所乏惟愛念

不忘以及於此感激欣懽不知所言春淺尚寒伏惟凝香燕寢合候神相萬福某領邑奉親不辭疲劇亦不暇顧計利害禍福偶幸臺府豈弟長者闊略保宥使得稍安今替期尚兩月倘遂善去便是過望實皆門墻有以芘之敢不自知九江名郡於今益爲要地兵民相錯商賈輻湊權重體尊然實無事可以閉閤卧治至於經遠預防之慮又未免如尊旨有扼不得爲者且復輕裘緩帶品題巖壑彈壓江山以須賜環之下趣登禁近以究賢藴尚餘侍見伏紙飛越

答潘宣幹書　孫應時

某頓首再拜恭叔縣尉尊兄向來家居固常欲一詣自請作旬日款今當遠役咫尺必交之地乃不能面別而去吾輩大抵不能擺落俗狀以追古人風味此亦其明驗而先施之責在某負愧尤多矣區區自解略具端叔書每見養源說兄篤志近思朝夕從事工用益密意度益遠自省荒落無狀極思相從以求發落况茲不韙試邑恐賊夫人之子兄不棄我何以教之虛心克己固是難事從來師友交以相病僕誠不肖竊自感厲願著鞭焉兄勿疑其不受而

嗇於言也沈季文兄要是强毅截然不繳繞媚世眞古學
者氣象他日宜相與展盡餘懷不及究惟千萬强食自護
不宣

答潘太傅書　　　　　　　　　孫應時

某頓首再拜端叔提幹尊兄昨養源來嘗附謝臘中一紙
之賜後兩日又領歲初惠書不肖無狀荷朋友不忘棄[盜]
不敬感某擬燈夕後過四明歸當詣兄款別已而無暇沈
兄過上虞云當來訪遂留俟之二十六日沈兄來二十九
日僕繼往又數日回體中感冒不可風自初十後日日具

舟欲行不以事牽輒遇風雨今則行日已迫定不暇遠出矣四方師友常若隔闊吾輩鄉社近耳猶不能合并如此固坐不勇又或尼之良自慙嘆某齒長學荒方願專靜讀書且常有負笈武夷之想偶茲趣戍當復投身朱墨間職分誠不敢不敬然德薄才短懼便爲俗吏猶未必勝任爲吾黨羞惟兄愛我素厚幸一一教之歲月飄忽兄終制亦復不遠小心敬德舉動準的古人毋爲精神意氣所軒舉而不自察區區亦甚有欲面論者不及究也時中節抑自重不宣

祭豐宅之文　袁燮

嗚呼公平生長名門人品卓如長纔六尺膽大於軀見義勇於必爲見惡果於驅除若大川之決勢莫能禦若莫邪之刃利無與俱自參謀於宣幕如漸展於鴻圖洎丞郡於豫章憫疾疫之毒痛委巷窮閻徧歷勤劬人給之藥病者以蘇推是心於作牧達民情之慘舒推是心於建臺究拜用之盈虛當邊陲之驛騷兮閫寄於名都氣讋强鄰誰敢侮予帝深念其勞勩俾易鎭於南徐俄一疾兮不起飛丹旐兮歸歟殊勳未立眞才先徂朝家失所倚仗壯士爲之

長吁生輕財而重義殁傾囊兮無餘信清敏之裔孫庶乃祖兮無殊嗟我與公肝膽交孚屢貽我以書尺豁此心之鬱紆覬復接於誨言講濟時之規模此志莫酬愴焉欷歔念韋帷兮一慟纏衰病兮躊躇陳薄奠兮一觴表素心之區區嗚呼哀哉

宋戸部侍郎劉忠公墓誌銘　程公許

淳祐四年九月三日宰相史嵩之以父憂去位後二十有五日詔以前監察御史劉漢弼自崇禧祠直寶章閣知溫州踰月改除太常少卿於是諫議大夫劉晉之殿中侍御

史王瓚揣上意將有易置卒監察御史胡清獻龔基先夜
草奏叩銀臺門繳入乙將漢卿新命寢罷上遽攬衣秉燭
閱過出手札付外翌日太祖忌百官侍班景靈宮知樞密
院兼參知政事范鍾拆封則四人左遷而漢卿獨以諫院
召時嵩之謀起復依四人爲肘腋儔侶翕訛聲勢張甚聖
上天造神斷百辟震悚有旨以漢卿侍講幃幄越三日又
有臺端之命申詔趣發且面諭范鍾以書速其來十一月
四日引見論事稱旨流風不競以天子耳目官爲柄臣私
人公道堙鬱方賴公一振起之俄感末疾明年正月三日

遽以遺奏聞上震悼士大夫相顧駭愕二月朔旦丞相杜
範始自天台來朝扶病治事四月二十日亦以薨聞五月
二十九日起居舍人徐元杰無疾暴亡三君子忠鯁端亮
上所注意不五月相踵淪謝世故之不可料若此豈氣運
消長天實爲之抑人事與天理不相爲謀而然耶公卒之
明年十一月庚申始克葬孤怡嘗以墓銘屬公許論撰誼
不得辭謹按公諱漢弼字正甫漢中山靖王之後其先居
金華九世祖仕吳越武肅王爲殿中丞左遷象山令道由
上虞因家焉曾祖諱平貢太學祖諱開舉進士父諱昌齡

貢里選贈宣教郎公生四歲而哭父家貧薪水莫繼太夫
人謝氏憫其孤弱一意保抱少長課以經籍能通大義習
舉子藝業敏贍絶出流輩鄉先生李磐翁故參政莊簡公
嗣子也以風節爲一時聞人公從之游學識益茂尋以書
學冠嘉定丙子鄉貢明年奉召南省庭策甲科第七人調
吉州教授歷江西安撫司幹官監南嶽廟浙西提舉司幹
官召試館職除祕書省正字序遷校書郎兼沂王府教授
授祕書郎著作佐郎兼中館校勘權考功郎陞著作郎明
堂大禮差充讀册官以更迭乞補外知嘉興府召還著廷

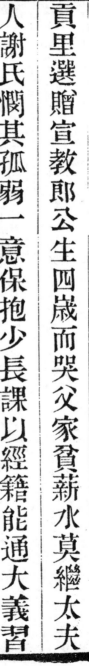

兼兵部郎改兼考功尋眞除爲員外兼崇政殿說書編修國史檢討實錄擢監察御史奉祀崇禧知溫州尋除太常少卿以左司諫召擢侍御史兼侍講以戶部侍郎致仕公奮自儒生居今學古尤明於義利取予之辨初爲教官學廩出納皆歸之糾曹江西崆峒徭挺亂邱壽雋以路帥開幕府虛席以待其來公至而邱已卒魏大有攝帥事與邱有舊怨意若移怒於公公即請辭以歸魏竟以暴刻激變識者嘉其有遠見贊畫吳門督牢盆之利凡以事例爲名者公未嘗有纖芥入私室用大臣薦入館介時上欲勉戚

里以學詔皇后宅置講官公首被選慨然曰三館清流出
入貴戚之門豈惟辱其身是辱其官也力辭不就事亦隨
寢時値歲歉一意撫牧民德之深曰天其吾民累公乎還
執經筵惟談經析理默寓規諫上益簡注至是爲察官入
謝上奬諭之曰以卿純實不欺故此親擢更宜悉心忠告
公益自勵每謂臺綱久弛疏三事曰定規模正體統遠謀
慮首論給事中錢相巧於迎合睥睨政地直學士院吳愈
不稱其職當罷去之濮斗南由南床掌外制葉賁以宮教
爲言事官公察其回曲不少貸疏留中不出賁爲時宰腹

心有縱臾使互按者明日責左遷螭而公有少常之命公
力伸辭請徑絕江去後一年始有崇禧之除甲辰冬再入
先是時宰久擅國柄予奪廢置恣睢自由時論憤鬱上亦
患苦之以公正色不撓爲可屬任而淫朋膠固未悉上意
日夜引領徯其來公引見首贊上分別邪正以息衆疑上
領之再三奏疏論立聖心正君道謹事機伸士氣收人材
五事次論臺諫之劾奏不當循月課官寮見臺諫不當循
月禮皆切中時弊上嘉其言并付外施行之公自遷南床
踰月上於朝廷大議未有予決密奏兩疏其一謂自古來

未有一日無宰相之朝今相位之虛已三月矣尚可狐疑
而不斷乎西漢之末王氏專政劉向嘗欲去之而成帝惑
於杜欽谷永之奸言故王氏卒不去以移漢祚西晉之始
賈充用事裴楷嘗欲去之而武帝惑於荀勖馮紞之邪說
故賈充得以復留而爲晉禍臣觀廷臣爲劉向裴楷者少
爲欽永勖紞者多竊恐奸言猶有以惑聖聽願奮發英斷
拔去陰邪庶可轉危爲安其二以十一月十二日西北方
時有雷聲天文書大臣專政君弱臣强之應願亟選賢臣
早定相位上覽公奏意遂決會公許蒙恩召以左螭兼內

命嘉平月三日入奏事俄頃有旨宣鎖翌日文德殿宣布
范公杜公並命百官舉笏相慶國論大定賴公密奏之力
爲多公自入臺累章劾奏同檢書樞密院金淵兵部尚書
兼直學士院鄭起潛宗正少卿兼檢正舍人院陳一薦司
農卿謝逵起居舍人韓祥新知泉州濮斗南步帥王德明
皆疇昔託身私門爲之腹心盤踞要路公論之所切齒者
至馬光祖奪情總賦淮東乃去相豫爲引例之地乞令追
服終喪尤有補於名教嗚呼使公少假歲月得以展布則
羣憸何所逃罪天下尚可得而理也上嘗屬公以薦人才

退而條具以奏皆時望所歸重公以受知特異而奸邪未
盡屏汰議論未能堅定積憂薰心遂感末疾上聞之憂形
於色命上方賜藥餌給錢楮公感上恩泣數行下然病日
寖不可復療抗草納祿有旨眞除戸部侍郎以賁其終乙
巳正月三日卒於臺治之正寢特贈四官與致仕遺表恩
澤奉喪歸葬上虞賻贈銀絹甚厚勅紹興府量給喪事八
月御札贈官田五百畝新楮五千緡以給其家庶爲臣者
知所勸焉生榮死哀君子孰不以是爲古今鮮儷豈知主
眷之渥而未能竭知以圖報親年之高而莫克竭力以終

養殁且有知九原賁恨曷維其已乎公氣度凝遠識趣正大平居簡默未嘗妄發一語而疾惡好善見義必爲嘗謂士大夫窮達有命苟依附不得其人躐進躁求他日勢去援孤所得毫芒所喪邱山雖欲痛自澡濯不可得也嗚呼斯可爲名言也已年五十有八官從四品而姱節修名照映宇宙其爲壽與顯也不既多矣乎太安人謝氏封太夫人夫人周氏封碩人一男子怡承務郎新差監嘉興府都酒務一孫公撫其姪悦如己子怡以遺表之澤官之遵父志也墓在上虞縣上管鄉南𡉈之原公許來自西州與公

莅遊蓬館甲辰更化後先被召相與矢心協濟國事公首
棄遊疑議無所質兩載殫勞一無補報念此傷心不愧蕪
陋爲敘次而銘之非有關於國事者不著銘曰天之生材
爲國壽脈脈得其養堅壯充實外邪客氣奚自得入古先
哲王念此怵惕涵養成就汲獎珍惜不以匪類爲之蝨賊
元氣保固國乃其國允毅劉公端亮純實山立朝端休問
靄鬱翩其引歸帝念不釋歲甲辰冬更理化瑟詔以公起
爲國司直分別忠邪如辨黑白開陳利害如品藥石朝綱
放紛如髮斯櫛公道堙塞如茅斯拔淫朋堅固如距斯脫

甫浹六句天日開豁故不憖遺而奪之亟厚其植矣遽天閼矣菑其獲矣暴摧折矣殄瘁之痛何嗟及矣當宁軫念顧瞻太息多士聞訃匍匐涕泣贈賻從厚土田加錫節惠易名國有彝式尚克舉之光被幽穸詩刻墓門庸詔罔極

與吉州守劉漢傳書　　文天祥

某澤頴被貔寫文心心同壼閣下昭隣好也某日從郵置得濟我私盈盈一水間鼓宮宮動鼓角角動精神流注絶出翰墨町畦芳菲菲兮浩蕩何極欽以某官吐吞玉匱之風煙披拂靑藜之光𨼸卿雲甘雨含天地之至和古柏蒼

松烱雪霜而獨立小駐星河之棹頻分江國之符春靄袴
襦神螺黼黻雨龍絃誦振鷺漣漪鈍爲銛而頑爲廉瘻者
膏而瞶者醒兵衛森畫戟小宴清香衣冠拜紫宸佇班黃
道某宿萌園杏文尾朝花蒙霧一壓稽首錫類朅來空同
密倚五雲多處楚波之及晉魯柝之聞郗川媚山輝沐浴
今雨則所以講信脩睦者奈何以簡陋廢采宋澗蘋以明
有敬玻璃一碧此心俱東

又　　文天祥

某日摩挲空翠端飭側理以進之集古諸書之側蓋於門

牆辱好有三焉園杏之齊盟也朝花之未至也三間風雨託於君侯之土地也而豈但曰小國之於大國也有交隣之道焉謙齋先生不以小人之美芹者爲僭而察其以明有敬之私是能容之其宏多矣介使踵來辭曰報聘庭實維旅芳菲彌章是何君子施禮之周執德之信而僕何以當之抑傳有云長者賜不敢辭取數之多亦祇以愧顏去吉一水三百里而氣候風土與習俗事事不同未春已花方晴即熱山川之綢繆人物之伉儷大概去南漸近得天地陽氣之偏看來反不可以刑威懾而可以理義動書生

出其迂闊之說嘗試一二觀聽之間稍覺丕變奉令承教於君子尚願維今有聞以淑厥後廬陵之政識與不識皆云一佛出世山川出雲時雨流動此爲霖之善者機也民歌路謠徹聞京師天子明聖恩光言遠某雖不敏尙能取皇甫公韻歌和之占謝之次寫其輪囷寍不嗣音如此江水

又　文天祥

某介持薄雲之誼忘其爲瀆僭有願陳吾鄉歐陽巽齋先生講學天出從遊滿門登科三十年獨處環堵晚見召擢

一再登朝先生居之淡如也其修於家終日清言接引後進未嘗爲擔石謀捐館之日囊無餘貲諸生爲集喪事悠悠人生惟死乃見眞實嗚呼先生之風可使儒夫立也其子俊字資深世先生之學頹然布衣禁路諸公每以鄉先生歿而以無澤爲缺典有欲從化地言者人情好德信不相遠先生不以貨財遺其子而資深亦復能守拙安貧與乃翁相似區區謂文獻所屬吾輩當相與輔成之大抵樂善若不及又於巽齋爲庚午同朝倘念其孤特分廩俸月資送之使先生之子不至乏絕非惟使爲善者加勸而名

公念舊下士之盛心所風厲遠矣某旦夕亦謀具辭幣聘
賁深至署齋庶幾前輩之典型斯文之夙昔念同志猶有
如門牆者故輒以書至焉當暑案聽慚汗瀋流伏乞台照

上虞縣志校續卷四十七　　文徵外編

上虞縣志校續卷四十八

文徵外編二

皁李湖八詠詩序

元　徐勉之

皁湖八詠者吳興莫君嗛甫倡詠之什也君居湖之陰世業儒著農桑要覽藏於家書無逸二大字揭諸齋居以示子孫服勤隴畝而遺之以安焉介佚老之時偕搢紳士夫相從宴樂或操舟載酒而往或步屣行厨以隨週遊於湖山之間盤桓歷覽取湖南杜君故址昔風雨漂沉者曰杜墩夜雨北有山名鵓鴣郭太守歸藏之處春鳩鳴則雲興

雨集曰郭墓春雲湖東有泉出自百畝諸山涓涓不息注
之於湖曰瀾嶺泉聲西有閘名陡門地勢高阜水決則枯
建閘爲防曰陡門水勢其姜嶼雪樵馬灣雨牧東阪朝耕
西塘晚眺者皆嗛甫自昔遊憩之所也目爲八景公同遊
者咸賦詩以品題之大篇短章裝潢成軸謁余爲序展誦
之次湖山形勝可一覽而在目也辭不獲乃謂之曰世之
人皆以林壑幽勝泉石清奇之類顔其楣求四方碩儒名
士詠歌以華之者比比焉君特以湖山八景卽其名實作
詩以記其事誠有以裨於農政而關於民風可尚也耶夫

豈爲遊觀之美景物之娛而已哉嗛甫讀書而好善力稽以遺安惜其隱德弗耀逍遥遁世將見流芳百世奕葉無窮天必陰隲其充克昌厥門世沾爾湖之澤歟然則八詠之詩非徒作也隨書於首簡俾觀者有所考見焉

風雅翼序

戴良

風雅翼者中山劉坦之先生之所輯錄旣繕寫成書其友謝君肅來告曰先儒朱文公嘗欲掇經史韻語及文選古辭附於詩楚辭之後以爲根本準則又欲擇夫文選以後之近古者爲之羽翼輿衞焉書未及成而卽世吾鄉劉先

生蓋聞文公之風而興起者也故取蕭昭明所選之詩精擇而去取之至其注釋亦以傳詩注楚辭者爲成法所謂選詩補注者是也他若唐虞而降以至於晉凡歌辭之散見於傳記諸子集者則又別爲簡拔題之曰選詩補遺此外又有選詩續編乃李唐趙宋諸作二編亦皆有注視補注差略補注凡八卷補遺二卷續編五卷合十五卷以其可爲風雅之羽翼也故通號曰風雅翼願序而傳焉嗟乎文公之學盛矣世之士子能以其才識之所至而知慕效焉者其人豈易得哉雖然詩亦難言也矣昔者孔子刪詩

以其出於國人者謂之風出於朝廷公卿大夫者謂之雅至於頌則宗廟郊社之所用其體不過此三者而已而其義則有比興賦之分焉然去聖旣遠學者徒抱焚餘殘脫之經倀倀然千有餘年之後則亦孰能無失於其間哉文公以邁古超今之學集諸儒之大成詩傳一書亦旣脫略衆說一洗舊失而新之又以爲詩亡之後獨楚人之辭得夫變風變雅之體裁復即其書嚴加櫽括而訓註以傳於是古音之見於今者煥然無遺憾矣先生師之宗之選詩補註旣視此二書爲無愧而補遺續編亦皆有以成公素

志之所欲則其所見何可量哉非其學問之精博曷以有是哉竊嘗論之詩者人心感物而動形諸咨嗟詠歎者也感於中者有邪正則形於外者有善惡善者法之而惡者戒之皆所以爲教也善之不足以爲法惡之不足以爲戒君子何取於斯焉詩與楚辭既經聖賢之刪述固已垂教萬世矣繼是而後以辭章名世者無慮數十百家亦有可取以爲教者乎抑亦有未然乎漢魏及晉蓋皆去古未遠流風餘韻猶有存者唐宋遠矣時則有若杜少陵韓昌黎諸人有若王文公及我文公亦皆豪傑之士不待文王而

興者取以爲教詎曰不然嗚呼此文公所以有志於采擇而先生因之取則也世之學者誠能從事於斯探之補註以浚其源廓之補遺以博其趣參之續編以盡其變而又養之以性情之正體之以言行之和將見温柔敦厚之教得諸優游淫泆之表則所謂羽翼風雅於斯世者蓋亦庶乎其有徵矣然則先生是書雖與文公諸書並傳可也先生名履其字坦之宋侍御史忠公四世孫忠公私淑文公者也固有所受哉

選詩補注序　　　夏時會稽人

自古學道之士未嘗蔑意於世用惟不得行其志則疾沒世而名不稱故或研覃乎六籍推明先聖賢之遺言以啓迪後進爲事或發舒爲著述亦必務乎明天理正人心使不失爲載道之器意謂不如是不足以垂世而傳後也六籍之學自子朱子闡明而大義章章矣而詩傳一書尤其自謂無憾者也離騷作於屈原覘風雅已一變矣雖曰南國宗之爲辭賦之祖然其跌蕩怪神怨懟激發醇儒壯士或羞稱之奚必汲汲爲之集註耶蓋朱子蘊忠貞之志經濟之才而蔽障於權臣不得以致其君爲唐虞三代之治

故託此以舒其憤懣而深嗟永歎使讀之者慨然興千古無窮之悲也五言詩之録於文選視風雅雖已再變然去古未遠猶或可取以爲後學之準則故朱子嘗欲採輯一編附於三百篇楚辭之後今劉先生坦之之爲補註也既更爲之刪定又倣詩傳而説之一取則於朱子亦豈無所爲而爲之耶先生資稟粹而才識明自幼力學即以行道濟時爲志一遭天下之多故遂落落無所偶悲傷怨慕形諸詠歌宛然有漢魏以來作者風致況其力必行已往往自謂無歉於諸人而身處乎窮約世更乎衰亂又或與之

有近似者此所以注意於選詩而必爲之發其旨趣申其情志使不昧於千載之下也大抵學士大夫所著述不問其爲經術爲詞章惟言發乎倫理事關乎世教君子必有取焉子朱子雖託意於離騷其續楚辭也始有取於成相欲使爲治者知興衰治亂之所自終之以鞠歌擬招又欲使游藝者知爲學之有本而詞章有不足爲矣先生雖注意於選詩然於蘇子卿也謂其有見夫君臣父子兄弟夫婦朋友之義焉於曹子建謂其止以皇佐稱魏武而覩王粲劉楨爲有法焉於嵇阮二子謂其立心似陶靖節而非

建安諸子委身事魏者比焉於張茂先謂其厲志於聖賢之學而於道體爲有見焉而於袁陽源也謂其獨能以愛君爲心而於宋諸詩人爲出類焉即此而觀之則先生之意誠不止爲選詩發矣然則是編之作其有以發揮前人而啓迪後進也不旣多矣乎吁先生雖不得志於時而傳於後者不朽其視見用於世而沒沒無聞者爲何如哉余自揆託交於先生最久而知先生之心爲尤深故輒序於卷首庶幾讀是編者知古人之詩不徒作而先生之於詩亦不爲徒說矣

上虞名宦鄉賢傳贊　陳子翬

昔公未顯出宰百里作我口甯烝我髦士既相孝宗謚以正簡闕祠祀之以貽永遠　葉顒

作尚書考嘗宰是邑德及士民祠版是立既有土田以助興葺澤流四世耿光熠熠　陳炳

學祀先賢係於名教益租養士祠於鄉校如彼蓋公豐我廩稍後之來者是則是傚　蓋溥

父宰百里而宰天下沒爲先賢繼之者寡爲之子者愛莫助之助田以祭神其祔之　葉元潾

安撫之孫金部之子再綰銅章世濟其美既重堂構獲立
金石繩其祖武視今猶昔　陳洪
公生四明溫溫君子璧水蜚英金罍筮仕虞人蒙教濬其
淵源垂範後世永矢弗諼　沈渙
田七百畝三十取一千五百緡公之所益既益其租又復
興葺祠以報之貪廉懦立　張屋○以上名宦
偉哉司農古之遺愛本源儒術恒聞治最民懷其德祉之
祝之展也全歸贊無媿辭　劉漢傳
濟南宋公爲名進士知無不言忠臣正己有德有言爲世

範模表而出之百世祀諸　宋延祖

策名春官遂躋膴仕廉介自守出宰百里功聞於朝爲金陵倅配享先賢永錫爾類　貝欽世

緬彼章公蔚爲儒宗助田養士稟膳以豐事勸堅珉功垂後世祀以報之以覺來裔　章燮

旣竄三峽旋復舊職薦者之亟固不如抑者之力旣褒其績克世其家仁者有後而又何嗟　李孟堅

學有淵源克世其家作爲文章粲然其華先賢有祠自莊簡始猶子及孫永沾其祉　李知退

莊簡之澤施於曾孫柱後彈擊監於祥刑寶章華文黼黻
王度助祭以田無忝爾祖 李衢
橫經鱣堂鳴琴偃室七十致仕家食倅秩生爲虞儒死祀
虞庠景行先哲模範於鄉 徐有傳
英英孟公操行淸白安仁宏政耽樂道德直孝婦寃去珠
復還千載而下名若邱山 孟嘗
挺挺魏公龍門是登名列八駿學通五經閉門謹禮忘家
憂國三河之表爲世矜式 魏朗
山川炳靈獨生賢哲忠肝義膽爲事屈軼瘴海蠻煙死生

如一肖像鄉庠過者必式　李光

允毅劉公剛方正直觸邪指佞忠君愛國哲人雖萎綱常
不亡垂訓作則百世其芳　劉漢弼

惟忠與義理無古今生死大節無媿於心爲臣死忠死亦
何憾以勸以戒祀則無玷　趙艮坦

濟濟王公遠遊京師闤市博學閉門潛思著書立言克究
原委祀於鄉校聞者興起　王充

桓桓朱公欽明神武敬養致名孝廉是舉忠君愛親有爵
有土爲漢名臣祀爲欒社　朱儁

倚歟顯謨淸敏之裔繇鄮而遷再顯厥世有德有文揚名

於後爲鄉典刑以昭不朽　豐誼

奔[弈]謝公高卧不出幡然而起再安晉室旣受朝寄勳名

鼎彝高山仰止如將見之　謝安

少擢巍科長爲吏師民之父母國之蓍龜手扶天章貳公

宏化桑梓之敬不夙則夜　趙子潚

惟公氣節冠於一時敭歷中外親結主知篆隸兼精學問

純粹合而祀之莊簡是配　潘時　○以上鄉賢

見山樓記　明　宋濂

見山樓者上虞魏君仲遠所建也仲遠居縣西四十里龍山委蛇走其南將升而復翔旁支邪逕而西則爲福祈諸峯若車若旌若奔馬若渴鹿飲泉不一而足勢之下降爲陰阜爲連坡爲平林一奮一止復襟帶乎後先東則遥岑隱見青雲之端宛類蛾眉向羣山嫵媚爲姸其下有巨湖廣袤百里汪洋浩渺浸乎三方晦明吞吐朝夕萬變方屏插起湖濱曰夏蓋山去天若尺五巖峙谷張尤可愛玩誠越中絕勝之境也仲遠心樂之以爲非高明之居不足以延攬精華而領納爽氣於是構斯樓日與賢士大夫同登

壺觴更酬吟篇疊詠及至神酣意適褰簾而望遠近之山爭獻奇秀晴色含靑雨容擁翠不待指呼儼若次第排闥而入使人涵茹太清空澄中素直欲驂鸞扇鳳招偓佺韓終翻然被髮而下太荒其視起滅埃氛弗能自拔者爲何如也伻來俾濂記之夫自辛卯兵興所在爲灰燼狐貍晝舞鬼燐宵發悲風翛然襲人君子每爲之永嘅自非眞人龍興撥世亂而反之正含齒戴髮之氓孰不在枯魚之肆哉縱有佳山將不暇見之今仲遠得雍容於觀眺之際亦曰帝力難名而吾民恒獲遂其生爾昔太常博士施俟作

見山閣荆國王文公爲記其事謂吾人脫於兵火洗沐仁聖之膏澤而施侯始得以樓觀自娛仲遠之去亂離僅三四載乃能抗志物表修厥故事如承平時無他皇化神速非前代所及雍熙之治將覃及於海內是樓之作其兆之先見者歟欲不爲之記不可得也第濂之學識謬悠立言無精魄難以傳遠倘求荆國其人而爲之庶樓之勝槪與雄文雅製同爲不朽耳仲遠名壽延鄭國文貞公二十四世孫羣從子姓皆彬彬嗜學文章鉅公多集其門仲遠尤號翹楚且工詩蓋聞之丹涯先生云

敘郡太守陸公生祠記　　　　劉忠

成化戊戌上虞陸公以祠部員外郎來知敘州府事唯時旱暵頻仍民艱於食且俗尚淫祠瀆禮害政濡染之久莫能剗剔公首實倉廪積穀數萬斛活民甚多寺廟之非禮毀其土偶而更之以祀前代名宦流寓之有功德於敘者若諸葛武侯黄山谷輩乃諭民祀先祖屏外神禁奢僭妄費一洗故習之靡民翕然從之其他作士氣均賦役清刑罰息盜賊親賢遠奸敬老慈幼無一不加之意迹其所爲皆自方寸中誠實所發無纖毫私邪僞妄而民亦信之篤

感之深親慕愛戴如赤子慕父母政少暇必登師文之樓左圖右史手不停披每遇佳客則憑高縱目觴詠盡日口未嘗絕吟私藏所積悉爲公資雖一毫不苟取九載秩滿下懷奸豪斂跡無墮業無逋負歎息愁怨之聲寂如也宏治戊申秩滿今天子嘉其賢勞進河內參政瀆行百姓遮道挽舟相向號泣不舍其去公存慰者久之越三載轉右布政使敘人之思公者無間旦莫引領企足欲公來撫是邦若大旱之望雲霓也乃於公所改列侯書院之後堂肖公像而祀之扁曰遺愛每歲值公初度之辰士庶各具酒

肉踵堂遥視公壽冀公百歲後神遊於此仍福吾民禮成
會飲其中盡歡而罷嗚呼何公之感人如此其深也訓導
李相暨諸士夫求記其事嘗聞孟子云善政不如善教之
入人深也又曰至誠而不動者未之有也陸公有善政又
善教人其政其教皆自誠實中流出故其感人也深而動
人也遠夫豈聲音笑貌之所爲哉古之龔黃召杜史稱循
吏夷考其行不過三事偶合於道而得乎民史臣書之其
賢名於今不泯陸公雄才碩德殆不多讓至若毁淫祠崇
禮教宣上德達下情藹然忠厚和平之政故民愛而思之

愈久而不忘必肖像祠事而後慊方之古人抑不知孰先而孰後也世之類公者幾人哉非剛愎佞詐則柔懦不立不依任羣小則趨炎附勢規利於刀錐之末盜名於讒佞之口民之惡之猶蠅蚋在眉睫揮拂驅逐唯恐去之不速尚何遺愛去思之有使之過吾陸公生祠之下而不俛首汗顏者吾未之信也陸公眞今之循吏也哉異時廟食茲土必矣

沃靑閣賦　趙俶

會稽之東金罍之峯據縣郭之咫尺壯南塔之崇崇標剡

源之名山竦傑閣乎雲中偉奇觀之絕勝若天造而神工有江上丈人泝靈槎迅飛鴻駕碧海之秋濤淩舜江之巨浸步蘭皋以夷猶登寶塔而從容仰視華構岌嶪穹窿豇九霄之青冥隔下土之塵塳列礎負冠山之巃飛梁垂飲澗之虹動碧瓦之晴霏翔金爵之天風望舒納采於璇題扶桑射影於珠櫳摘星斗之光芒呑積翠之空濛蔥然而青爛然而彤視晃曜而喪精語應響而失聰卻立躊躇若寐而矇適龐眉老禪邂逅其逢聲折長揖而問曰子非放情邱壑追高人之蹤者耶將登高作賦以發雲夢之胸者

耶吾將與子躋攀乎埃壒之表曠覽乎山川之雄乃相與
升廣庭聯孤筇躡雲梯於高寒憑星欄於半空挾剛飆於
雙袂拭秋煙於兩瞳老禪指而謂之曰曹江西來若白虹
蜿蜒萬折而下流者剡川之沖瀜也遥岑南起若天柱褰
開矗然而倚空者沃洲之鬱葱也彼羣峯之連絡又如游
龍赴海而煙雲爲之澒洞而奔涌者此剡中諸山環趨而
相從也觀其雙崖壁立磬石若盎植縣圃之琅玕削青天
之芙蓉飛瀑夏寒含風雨而晝爽洞石陰敞呀竅穴兮天
通挺奇峯之亭亭若孔蓋之童童查溪秋月晴流練碧蘿

峯春雨煙嵐翠重奇態異狀蒼蒨蘢蓯收勝槩於一覽納萬象於鴻濛此沃青之嘉名所以有取吟咏於齊公也丈人啞然而笑慨然而歎曰山川之勝扶輿所鍾名蹤古跡俯仰無窮東山兩眺之奇山陰夜雪之篷高人韻士之所遊隱君方外之所宮嗟風流之一去若逝水與旋蓬獨梁間之巨榜播流聲之渢渢今吾與師會三生之夙契快登臨之幽悰發弔古之遐思騁文翰之詞鋒安知後之視今不與今日而相同言未既白雲如海斜陽晚紅老禪太息捧手致恭丈人亦飄然而遐舉侶漫游於海翁送拏音之

旣遠聞天際之煙鐘

徵朱娥詩序　唐　肅

昔序曹娥廟著論云娥未事人而死漢稱孝女禮也今廟祀乃以夫人祀夫有君子而後爲夫人生而女死而夫人可乎娥之孝不以女薄不以夫人厚也及至吳見海濱有廟祀天妃某夫人者云本閩中處女死爲海神則又歎曰妃配也天之主宰曰帝天妃者豈帝之配耶處女死爲神稱夫人謬矣而又謂之天妃可乎今年來上虞邑人魏士達謂予曰吾邑有朱娥者宋治平三年以十歲女子死大

母難當時里人爲立祠邑南記之者郡從事虞大𥁕政和
三年邑令席彥稷簿孫衍尉向泳重修之記之者新定江
公亮也今祠宇碑碣毀於兵火矣里中長老猶能言其故
處往往嗟悼以不得復舊爲恨宋熙𥁕問會稽令董楷嘗
以娥配享曹娥廟蓋二娥俱虞人曹娥廟在江之西地屬
會稽朱娥廟旣廢不得專祀而僅享他邑他廟之祔食雖
娥之神無閒於此疆爾界娥之孝不以專祠爲重祔食爲
輕而吾長老子弟所以悲悼慕向者則謂非專祠於吾境
不可且舊廟實作於民官此者未嘗請封請額於上得若

曹娥尤邑人之恨也吾黨咸追詠其事集詩若干首丐公序之將持此以告有司庶幾有所感動得轉聞之上而遂其請焉嗚呼盛哉邑人之心也夫孝風俗之本苟以孝名者千載猶一日也朱娥之死二三百年人猶思而悲之不忍廢其祭而懇懇視爲亟務雖娥之純孝有以感人心於不忘而邑人亦可謂知敦勸風俗之本矣顧娥之未得封謚若可憾郎使得之而加以非禮之稱若曹娥天妃者亦未爲得也今國制一新爲宗伯者必有知禮之君子於異代之失庶幾革而正之肯蹱其謬哉故因序詩而及之以

識吾昔者之感且有俟於今之在上者云

古文參同契序　　楊慎

參同契爲丹經之祖然考隋唐經籍志皆不載其目惟神仙傳云魏伯陽上虞人通貫詩律文辭贍博修眞養志約周易作參同契徐氏景休箋註桓帝時以授同郡淳于叔通因行于世五代之時蜀永康道士彭曉分爲九十章以應火候之九轉餘鼎器歌一篇以應眞鉛之得一其說穿鑿且非魏公之本意也其書散亂衡決後之讀者不知孰爲經孰爲註亦不知孰爲魏孰爲徐與淳于自彭始矣朱

子作考異及解亦據彭本元俞玉吾所註又集朱本玉吾欲分三言四言五言各爲一類而未果蓋亦知其序之錯亂而非魏公之初文然均之未有定據爾余嘗觀張平叔悟眞篇云叔通受學魏伯陽留爲萬古丹經主予意平叔猶及見古文訪求多年未之有獲近晤淇雅楊卭崍憲副云南方有掘地得石函中有古文參同契魏伯陽所著上中下三篇敘一篇徐景休箋註亦三篇後敘一篇淳于叔通補遺三相類上下二篇後敘一篇合爲十一篇蓋未經後人妄紊也亟借錄之未幾有人自吳中來則有刻本乃

妄云苦思精索一旦豁然若有神悟離章錯簡霧釋冰融其說既以自欺又以欺人甚矣及觀其書之別敘又云有人自會稽來貽以善本古文一出諸僞盡正一葉半簡之間其情已見亦可謂掩耳盜鈴藏頭露足矣誠可笑也余既喜古文之復出而得見朱子之所未見爲千古之一快乃序而藏之嗚呼東漢古文存於世者幾希此書如斷圭復完缺璧再合誠可珍哉若夫形似之言譬況之說或流而爲房中或認以爲爐火使人隕命亡身傾貲盪產成者萬無一二而陷者十之八九班固有言神仙者所以全性

命之眞而無求於外者也聊以盪意平心同大化之域而無怵惕於胷中然而或者專以是爲務則怪迂之文彌以益多非聖人之所以教也旨哉斯言輒併及之

遊鳳鳴山記　馬萬程

古人嘗稱越中千巖競秀萬壑爭流余夙慕之每有獨往之志萬歷甲辰歲冬隨家嚴讀書越之古虞知虞有蘿巖蘭芎仙姑洞諸勝乙巳春仲家嚴謂萬程曰此王謝當年遊賞地春陰過半紅雨亂落矣何不續蘭亭之觴著東山之屐乎遂於二十有五日偕虞中諸賢遊仙姑洞洞何名

仙姑蓋虞父老相傳漢時有仙女霞冠羽衣乘鸞而下遂
以此名洞云南去縣治二三里始入山徑松蘿夾道野芳
幽然撲人路轉峯旋靜深屈曲仰望東峯石塔亭亭插天
策馬更進五六里許忽見巉巖孤迥鬱然深秀泉聲潺潺
侵耳山路漸峻攝衣而上林木陰翳涼飇偪人乃直探溪
雲深處空谷玲瓏奇峯削立中有一道飛泉正如玉屑明
珠繽紛亂墜其下深潭靈窟疑有神龍居之吞吐淜湃之
聲如萬馬奔如羣獅吼令人靈襟覺思豁然一開恍惚蓬
萊十二樓矣徐陳酒肴於洞之旁落花飛瀑沾人衣袖傳

觴賦詩良久家嚴命一友吟何必絲與竹山水有清音之句滿座爲之爽然已而谷風習習如陰如雨清寒徹肌骨間乃起步洞之巔登高極目東西諸峯左右環抱而蘿巖蘭芎諸山北面拱揖而朝則洞固神仙所闢空中必有五色綵霞覆此靈宅也山僧進新茶啜之神氣倍清家嚴偶論樂水樂山之義在坐各有所領會夕陽在山野鳥呼應諸賢將吟詠以歸家嚴命萬程曰芳辰佳友談道賦詩亦千古樂事不可以不書萬程曰唯唯遂倚石紀之如此

何侯生祠永思記　趙善政

古今稱何武去後思夫去何以思也凡民求遂其欲去其惡者輒望於上之人有所感則思感之深則思之永人情大都然也史云何君無赫赫聲則當時民心可知又云去後常見思未聞俎豆以寄其思若吾邑何侯視武蓋什伯云初侯以己丑名進士莅涇如太阿新發於硎疇不畏其光芒乃侯益自韜晦開誠布公集思廣益期以古道親民孳孳煦育眞如父母之保赤子省刑薄罰務本敦教頃之爭者平擾者息農恬於耕婦安於織而士彬彬興於學澤如春而操如冰涇人士私相謂曰生我者侯也來何暮哉

越辛卯侯當遞職行涇人士攜老扶幼遮擁車前泣相告曰吾儕不忍一日離明府諒明府亦不忍一日忘蒸黎叱馭北覲爲君也式遄南還爲民也惟願明府無負竹馬期如期侯至歷年多而施澤久驩聲載道逾昔時甲午侯再上計涇人士戀戀於行如故則又泣相告曰明府簡在帝心茲行必內拜如吾民何無已倘借寇一年乎侯甫登車而比部命下祈禱雖殷夙願未諧涇人士皇皇百計攀借不能得昕夕追思立祠樹碑謂余與侯道義交相知以心久而益敬其敘士民心思最切徵言於余余鏡今古侯得

民獨至始而思其來已而思其返旣而思其留久而尸祝

繹思無疆若子之於父母少而慕自壯至老終其身思慕

不置視武居無聲稱去後僅僅空思者奚啻什伯公諱大

化别號禹門浙之上虞人時萬歷乙未仲秋日賜進士第

中憲大夫兩奉勅巡視海道整飭兵備廣東按察使副使

前奉勅欽恤福建刑部郎中趙善政拜撰

壽徐安盦公序　徐渭

上虞徐安盦公今年壽始躋八十某月日爲其生而公之

配某夫人亞公一齡耳予表兄趙某甥某得附交於公令

子刑部君將以旦日奉所繪椿萱並茂圖以爲賀而屬言於予予自維下士耳雖有言無足爲公賀者又遠在百里外徒閉戶伏處未嘗竊睹公令儀也而何以言爲然予曩歲客省市見館中童子挾連牘過廡下取讀之累數千言已乃閱其銜則刑部君名學詩者論宰相札也當其時宰相勢傾中外熱炙手士開口者輒陷胸於是服膺簪筆之流徒抱憤相視莫敢發以須臾而刑部君獨抗越極抵之言切直英特慷慨欲歔讀之者夏慄而冬汗當是時天子爲動色而海內直節憂時之士莫不想慕願見其人者而

獨予哉然予當壬子夏偶得見刑部君於荆川先生舟中
自是遂數問其跡於往來上虞者稍及其家世乃始知安
寍公入言安寍公起賢科判鎮江寶慶二郡其後擢知陸
涼又再補安寍則以刑部君言事遂止不去而家固山中
也益閉戶謝事足罕至城郭長吏每以上賓禮迎之亦不
爲一往而其自鎮江移寶慶也多善政稱循吏已超然祀
名宦中及問其得移則又以直道忤巡使也夫天下人欲
見刑部君而不得者多矣況得聞安寍公之履即使得見
君又得聞安寍公之履矣又安得值其壽與其所親者屬

一言以內之哉而余今舉幸得之矣然所謂屬一言者政未聞其有所得也陳咸之在漢以直聞而其父之教之也以諂至於今千載人言其子不能無少於其父是家難全德而譽罔流也刑部君仕居中以直忤宰相於朝安盜公仕居外以直忤巡使於郡雖非其相約以必爲也而其守道抱貞而輕富貴若出一轍將使千載之下聞之者曰某邑里徐氏父子世直臣也其於家之德不爲全而譽不爲久乎是其去漢陳氏遠矣又況刑部君之直非咸之所謂直者乎夫子之所見於刑部君者以直所聞於安盜者亦

以直則所爲內一言以爲之壽者舍直復何言哉孔子曰人之生也直然則直固德壽也而余猶沾沾然以久譽垂千載以爲公稱信斯言也又烏足以壽公哉

金罍子序

陶望齡

劉歆序七略曰諸子而臚爲十家稗官小說家與焉自漢以降諸子之名蓋罕存者多不足觀而說曰繁盛不知說固子之別名耳然班固之論謂諸子十家可觀者九說家者閭里小知街談巷語之陋細不足道則說與子又似有間矣夫古之工於立言者言所明也莊周之於道德韓

非之於刑名其瞭然於中者迫於吐而必不可茹如水盛堰敗湍不容遏又如老農之計囷廩大將之料軍實舉所有而已潛夫論衡之屬吾無取焉彼其中固無有也固鮮所明也而强言之故膚而不裏蔓而不根讀之如啖木然久矣夫諸子之靡而難擇也又況虞初者流俗而非雅者乎金罍子者其書類所謂說家其博而精辨而正醇經凾史聯絡曲折而出之粹然過潛夫論衡也甚遠其命名曰山堂隨鈔予懼名之近於說而不知者與街談巷語之書概而少之故更之曰金罍子金罍子者其號也或曰子之

子金罍子也以爲韓莊乎曰金罍子儒者也儒家者流非
子與以術則莊韓非類以文而曰金罍子今莊韓也予又
敢哉然而有難有易今夫老農之計囷廩而大將之料軍
實此順而易者也有善數者焉隔囷而筭龠合不爽也有
善兵者焉望敵而揣虛實不爽也此逆而難者也莊與韓
道其所欲言而止若數家儲然易耳後之儒者是非定乎
載籍善敗決乎古今引之也至繁而要之至當此與隔囷
望敵而籌者奚以異乎此金罍子之所爲難然均以言其
所明則一也金罍子上虞人嘉靖甲辰進士仕至應天府

尹所居近金罍山故稱焉

百雲山鳳鳴洞記　黃尊素

古虞有鳳鳴洞在百雲深處其山據邑城之南洞祀眞人像設爲女冠科舉之士於冬至咸宿祠中夢卜多有靈驗癸丑歲予與鄭奉莪家元素往五月之望自黃竹浦登舟梅雨連旬山色蒙晦至是徵月江濤如練忽有長飈驟起澎湃發於水上舟行甚駛遲明登陸並山之麓流泉奇石青林文篠百羽啁啾其間石磴曲折南行徑窮無路突然層巒複澗遞亂不知處所始歎靈境非仙眞不可當之菴

故址在山阿僧悟定移建於上棟宇初備牆堵大立從方丈左旋數武爲鳳鳴洞雙峽陡開峭壁嶙峋插天中谺然窈窕如室闊三丈餘深十餘丈上之闊視下損三之二其頂穿仰而見如冰裂者天光也裂處有危石圓而傾僅而未墮又有古木扶疏似荇藻凝結冰中瀑水數十丈瀉於室中之奧而雨絲冰雹遠射室口聲如崩雷怒浪驚人心目不特其景過清而已也相傳有眞人吹簫而下其音若鳳鳴此洞爲鍊丹處矣眞人姓名不可考按神仙傳曰魏伯陽與弟子入山鍊丹丹成伯陽與一弟子服之入口即

死其二弟子不服出山伯陽及死弟子卽起而去附書伐薪人寄謝二弟子二弟子見書始大懊惱所謂入山者卽此山也像之爲女冠亦是杜十姨之譌莊周之綽約若處子豈眞處子耶夫眞人處倒影之上其視人世之富貴無異塵垢著體塌屋之一得一失蟲肝鼠臂何足重輕而乃屑屑較之示人於隙馬風燈傲爲先覺乎噫吾知之矣天下之人愛惡攻取塡其靈舍故糠粃能易四方之位必如太虛太虛中爲塵幾何蓋不俟算數而得了然眞人惟無所知故爲欲知者之所求也是以鏡無妍媸之相而人之

妍媸見於鏡中水無星月之形而天之星月涵於水底亦若是而已矣

徐貞晦聘君傳　陳有年

正德間有徐聘君者聘君名文彪字望之上虞人也聘君之名遭豎瑾益著余爲掾意三歎云國朝自制舉盛蒲輪闊疏間一降世背命曰盛節異廟時石亨以猰貐介龍靈至恣睢也其推轂康齋獨隆甚彼豈知下賢哉第浮慕之耳猶然如此或曰康齋幸得之[illegible]墀賜對睨亨苞逆節曾不一語噉箕疇威福風上道[illegible]則更爲亨敘世譜以故倖

不悟則余弗敢知矣武皇初基詔下郡國察舉賢良以聞時持議者三顧命相也亡何璺瑾用事劉文靖謝文正遜於野瑾方深心螯謝蔓及諸名卿正人籍爲黨國事日大異會浙省上所辟士聘君與文正邑人徐君子元周君禮實偕瑾怒而聘君者睹國事異也試文禮部陳策慷慨中援蕭傅恭顯語有規切當是時瑾呼吸生殺人又時時矯命起不測獄以煮時流時流氣息務周容或頌功德甚則頤望大臣亦藉調停脂韋不自惜聘君一布衣也出語輒爾爾或持以示瑾瑾則愈怒遂下浙所上士錦衣獄掠不

死械發戍邊聘君得鎮番子元禮得肅州云初聘君之辟也上虞令汪君度三造廬焉駕乃起是歲汪亦坐廢鎮番斗入朔漠雅不嫺於俎豆聘君至介胄家稍稍遣其子弟從問學聘君爲稱說儒術副以經義士圜聽益興始僅居人士卒而河西諸部奔走焉聘君至戍之三年瑾敗誅諸附者以輕重伏辜而瑾故所矯謫咸鄉宥歸矣方聘君難聞於家家人生不聞鎮番所在已知其出絕徼踰流沙益西也聚泣謂九死不復入聘君子子奎子厚奮以死從兄弟耦而往屬虜旁塞阽危百端迄達聘君所待歸歸二十

有七年卒聘君有大節蚤博文以父疾棄制舉不應晚歸力義軌俗縣宗而行諸鄉具有紀可則事在顧司寇應祥誌中司寇聘君高弟也卒之日鄉校上其行觀察使者登鄉賢祠祀焉後三紀聘君子若孫以仕至輦下逢鎮番人胠篋出聘君手草至有泣下者聘君子若孫甚庶多章縫嘉靖中從孫學詩爲司寇郎亦以疏擊柄臣嵩皋下錦衣杖落職

徐檀燕公傳

劉宗周

公諱如翰字伯鷹號檀燕世居上虞之管溪年十三補弟

子員領萬歷丁酉鄉薦辛丑成進士公生有夙慧十歲試於郡郡守富公雜叩以經傳子史皆響應如引繩貫珠又手一編目之曰解此否公曰知雄守雌蓋老氏五千言也大奇之爲公介於董中峯公董亦奇之妻以孫女及通籍授行人遷工部郎督理泰昌母后陵羨緡數萬司事者將瓜分焉公曰度支告匱而吾輩行劫耶籍其數以聞尋擢寍武道寍武故重鎮公乃募壯士峙糗糧繕甲械修垣墉計築臺堡數百餘所增勝兵數千後闖賊疾攻之期五日堅不可下既而晉冀北分巡道備兵大同適總兵與巡撫

不協公和解之諭以陳張之不終而廉藺之式好也咸釋憤疆圉以寍公矜氣節喜自負遇事慷慨有曲江光岳二仙降乩與公酬和移日已而大書十字云君塵紛未淨且待諸函關公亦不之省會遼東經畧楊鎬擁數十萬衆爲嬰守計而閣臣方從哲不諳機宜以紅旗趣戰者三鎬不得已進兵大衄京師震邊陲戒嚴公聞報痛甚遂草疏劾方誤國喪師或止之不聽坐越職言事奪官居無何熹廟舉邊材起天津兵備董茶人乘間言曰伯宗獲戾君所知也其毋直言況無言責哉而公復以魏璫生祠遍天下劾

忠賢忠賢大怒初忠賢以河間爲桑梓地投刺致繾綣公
正色拒之璫又爲母建坊諛者相率醵金並及公公不可
且嘲之遂憾公相與媒孽公而璫母喪諸大吏往弔公又
不赴至是璫恚甚嗾御史梁夢環誣公黨邪害正以公爲
東林舊也削職奪封誥初公疏上聞者快之及劾歸津人
萬首拄地泣留公公曰無爲也不見顏佩韋平蕭然就道
今上登極昭雪特起潼關道副使分巡關陝値流寇猖獗
邊帥曹文詔督兵勦滅倚公爲聲援而公亦力爲備禦悉
出銳師佐之得士心士卒樂爲之死所在殺賊旣而公亦

撫輯瘡痍經函闢闇有高呼檀燕者騶從叱之忽不見抵署忽又於簿書中出片楮曰檀燕檀燕滄桑幾變白骨青燐雌雄誰辨公乃悟引疾廷推公巡撫江北等處副都御史不受致仕歸公歸卜居於山陰蕺山之下與陶石梁陳元晏諸君賦詩飲酒稱稽山八老焉出所著述編之曰檀燕集曰秦臺紀勝不及朝事丁丑上遣官存問欲起公公以老疾辭卒不起父希濂邑庠生先以公寍武備邊功益封如其階隨以劾璫被奪今上勅還之公本生曾祖文彪武廟時忤璫謫戍子子奎子厚追侍萬里外潛德未耀公

草忠孝未揚疏請熹廟優卹爲逆璫所持不報公沒齒痛之公以崇禎戊寅八月二十日無疾而卒距生隆慶戊辰八月二十八日享年七十一歲董恭人無出以弟如龍仲子廷玠爲嗣

倪文正公墓誌銘　黃道周

主臣之際難言之矣螮蝀揚輝羲輪不光不見才則難爲主見才則難爲臣固有聖主賢臣共集一堂殺身副之而卒無濟於喜起之事當崇禎時天子甚聖顧天下臣子無一足使者猶挹心於倪先生卽倪先生亦自謂聖主知臣

臣即死猶一當以報天子而熒惑乘之載揚載止使天子
不知所以用倪公不知所以赴可悲也夫倪公與予同年
初居翰林值聖主始旦排雲霧以命岳瀆其所爭用舍及
焚要典三疏懍然社稷之烈也稍遷宮諭爲講官感憤時
事陳八實八虛明治安標本中及內璫藩封告密又劾少
宰保奸斥柄臣不能引辜懷恥皆牴牾上意顧上不之怒
而烏程滋忮寇震祖陵請頒罪已之詔因以除民疾苦感
發天下上深以爲然政府故抑之經歲而後詔下所司條
上文具海內怏怏失望尋遷大司成命諸子侯入學復積

分法所造士甚盛上意頗嚮之烏程遂以事中公免官公
去國而名益重家食六七年事太夫人晨夕盡歡浙中連
歲大饑公區畫賑䘏之策甚備倣朱子意立社倉斟酌涑
水氏定冠婚喪祭諸禮著兒易內外儀發揮爻象以纘程
朱之緒與及門問答著春秋鞠通以補三傳未備之旨蓋
以有宋眞魏諸公自期而處不忘君退不遺世居恆扼腕
時事見邸報陷城失地諸消息輒數日不食或中夜起立
繞室中行又見予抱足屨蹈湯火以爲當門之忌非國家
福也壬午八月口口城陷河決開封賊出河北取覃懷彰

衛當事者謂公不出空有干將名不如畀之盤錯且使天子以爲可使也一日詔下起公爲右司馬公以太夫人年高辭不就有旨敦趣會北兵大至畿輔郡縣相繼淪陷徵四方兵入衛公乃長跪告太夫人曰自南城公以來三世祿食今天子有急奈何太夫人裂所衣繻示之曰爲爾旂也豈曰無衣乃毀家召募及弟瓚率家徒佐之得數百人趨淮上借鹺課募鹽徒便宜調撥發淮撫標兵鼓行入衛無能應者公歎曰吾即不摧廓朝夕必達不以憂獨遺君父乃身率數百騎持滿夾趨衝險出濟北十餘日達京師

天子甚喜曰固知是倪講官也卽日召見問所以弍遏者
公乃條情形先後之數甚備叉言本謀在乎主術宜力行
仁義提正紀綱愛惜人才興尙氣節定心志一議論信詔
令愼誅賞上爲嘉納五日三召情禮有加於是中外喁喁
思公卽爰立朝夕有以自著必不憒憒如舊時宜興亦慚
甚自請視師亡何情見敗去而并研謀首席甚急以賄中
宜興慮公一日至秉鈞形已短乃告上曰天下不治由兵
農不得人今廷臣可任者惟倪元璐馮元飈耳使元璐爲
大司農元飈爲大司馬分部合謀不日可治上心然之卽

日命公爲戸部尚書兼翰林院學士而馮公任兵部公以
祖制浙人不官戸部奏辭上召公至中左門謂曰朕知卿
久矣卿志性才猷非諸臣等奏議無不井井有條其勉爲
朕任勞又曰古帝王致治不過數人周四友漢三傑卽國
初劉宋輩亦只一二人耳朕專倚卿戸部可坐致太平因
問卿今何以佐朕者公曰必使臣當有三做一實做祓寇
之區賦必缺敗軍之壘兵亦亡今請與兵部合籌先準餉
以權兵因準兵以權餉則數清而用足一大做求民間大
利大害一舉興除無事纖細泛言生節一正做以仁義爲

根本禮樂爲權衡政苟厲民臣必爲民請命奏末已上歎
曰卿眞學問之言深禆治道公叩首謝受事於是淸邊兵
併三餉甦邦畿陸運車戸改東南上供本色又以淮揚爲
海內咽喉財賦都會宜宿精兵三萬統以才望大臣有警
則兼顧南北無事則通貨貿遷重事權正鹽粟使屯漕煮
海一舉三利則太平之業也上善之當是時天下郡邑多
殘破奏蠲荒賦至四百二十五萬外解不時至太倉無經
歲儲公曉夜持籌漏三十下猶繞牀不休酌道里以給兵
食馳書督撫得自生節以佐司農之不逮日數十函纖悉

備至故終公在部士無諱者而當軸營營苦不富強礦砂楮幣之説日聒于御公數爭之未得也柄臣又以是困公公歎曰若使傅説化爲膠鬲夷吾化爲孔桑則吾盍就東海老耳遼西人湯若望挾伎巧以開採進内璫陰主之以爲無害公具疏曰古稱鑄山煑海原其利害實相逕庭其説有六海挹注而已山須鑿發勞費一也民多山居墳墓閭井钁鋤及之二也形勢所在動傷地脈三也自萬歷中年礦使爲禍海内惋痛今復驛騷羣心易揺四也臣觀萬歷會計録于毋出入得不償失當時進奉威脅包承

總是民脂非由地實五也有礦卒必有礦賊此輩一聚不
可復散與寇通氣六也其爭楮幣之說稍委婉納約旣遣
中使從浙直收買桑穰公乃見蔣晉江告曰此事吾不獨
力願與公分之蔣公許諾公乃先疏曰凡民間自取桑穰
皆因翦落餘條於桑無害今以欽限急迫朝使威嚴所司
望風奸徒生事勢必就桑取皮先蠶毀葉此何等時復堪
騷動上猶豫久之蔣公亦再疏入乃輟不行而噂沓者日
益進通州受井研指謂詞臣不任錢穀勸上撤大司農還
講幄上曰倪尚書忠誠肯任事但時勢甚艱未能速效卽

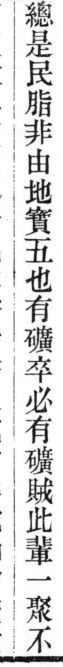

撤誰代之者諸臣結舌上一日召諸大僚至公曰計臣郤好有心思善文字且公忠體國無如計臣者而諸柄臣排之不已以楮幣礦砂爲太祖神宗時盛事鼓舞不倦行之在人舍此則計臣坐窮矣上沈思久之乃詔計臣元璐以原官專供講職公聞之笑曰是吾志也故事名而不姓惟首輔爲然爲異數云甲申二月上猶御講公敷陳樂只節追論從前加派練餉勦餉之失因及下文生財大道上方權宜國用疑其諷切詰曰今邊餉匱絀壓欠最多生眾爲疾作何理會公徐奏曰皇上聖明不妨經權互用臣儒者

只知因民之情藏富於國耳且今日民情所在思亂不可不有以綏輯之也既不懾亦不引謝翼日上御煖閣召輔臣諭曰從來講筵有問難而無詰責昨日偶爾朕之過也蓋心善公言云先是公初在講筵上留意啟沃每遇公直講必前席傾聽而烏程宜興互有掎摭瑕疵炯然公直箴政府營私忌公上怒以手麾書倚扆仰視公抒詞益朗頃之上乃稍前就案卒霽容受焉故前後講臣如文陳黃李體備九德未有先公者也公當昌啟之際躡虎操蛇得其要害故羣奸弭耳伏不敢肆每一疏出如撞朝鐘上震廓

序卽使彼人讀之亦相對口塞不敢出一語以故天下誦
公者難爲法忮公者亦難爲害公嶷然獨行挈日月以走
山澤不逢不若則戊辰三疏最著迨佐樞司計以後精思
碩畫其剔侵冒裕度支者尤爲二百年來所未發之議且
學術純正一本大學理財平天下之道焉使早用公於十
年之前則民力不至凋敝而國事尚可爲甚矣媢嫉之小
人其禍人國者非細也先帝每得公疏必黏之屏間出入
顧盼以爲天下偉人諸臣陰譖之無間則引宏治時劉忠
宣韓忠定以六卿稱外輔陽奉之耳上雖聖明不能察也

且當是時天子以外廷無才移信中涓外廷節結中涓以
取眷祖智互進公特立不懼上命王朝應高起潛等十數
輩監視諸邊率驕倨不法至欲隸繡衣張彝憲總理戸工
二部移大司農以朱牘公上言中使銜憲動以威倨加庶
司今且加於朝使大僚臣懼天下士大夫氣失何以圖功
又言邊臣之情歸命軍容無事則稟成爲恭有事則推委
卸擔陽謂吾不自由而陰實藉以逃恇怯之誅陛下又何
苦試近習於鋒鏑使邊臣藉口迄用無成哉及在部數爭
內遣雜折不爲貶損以是中外交怨上每意屬輒潛格之

十六年十一月上將宣麻中官或言宰相天下安危請用枚卜故事冀多其人以倖公之不與上乃齋宿文華殿躬禱穹昊以金甌納名而探之曲沃穀城皆前得簡公遂不及嗚呼以天子十七載之知不能使一詞臣進於咫尺以一日三召之勤不能進口幄以致其功卒抱日星與虞淵同隕豈非天乎史稱陸宣公爲相其所聽信乃不如其爲學士時崔與之避位智於文天祥葉夢鼎棄官賢於謝枋得是皆不然天下之治亂主臣之離合皆有物焉司之至於安身立命或席藁以爲胙封或晨夕以爲終古七尺之

根麗於兩極何可奪也公當日相亦殁不相亦殁顧以不
相殁者使天下悽愴思所以板蕩之故且使先帝在天顧
念來者曰吾舊講官也是多謗者吾乃今知人嗚呼公諱
元璐字玉汝别號鴻寶生於萬歷癸巳閏十一月十六日
辰時殁從先帝於崇禎甲申三月十九日辰時先是公知
賊犯闕勸上命東宮撫軍南下循宋康王故事不聽請急
檄關甯大帥兼程入援無令監視旁撓又請懸重賞募敢
死士五百人可破圍召勤王師亦以爲無及是日聞賊踰
城乃東帶向闕北謝天子南謝太夫人畢索酒入齋酹壯

繆像出就廳事南面結纓題案云南都尚可爲死吾分也其勿衾棺以志吾痛遂自經死頃之賊至問公安在則陳尸於堂矣各稱忠臣歎息而去予會鼎扶櫬歸逢新命旌公忠第一贈特進光祿大夫太保吏部尚書謚文正予祭五壇加祭一壇勅有司遣葬襲蔭建祠等事而時艱未就也會鼎乃權殯公於里第哭而請於予曰惟夫子知先公不可以不誌也且夫子以身許國不可不亟爲誌也予哭而應曰諾嗚呼公家世顯達位至九列攀髯之日至不能營葬地清風介節蓋可想見雖在於公爲細行然奴隸小

人之見有必以是爲質的者不可以不書公世系在先瓊
州雨田公墓誌中乃爲之銘曰青州文始春秋著國南渡
相士上虞是宅五世乃彰厥有戰克後秉高尚邱園賁跡
屆於南城乃領赤社兩世而顯忤江陵者是爲公父守八
千石以亶大雅純德所苞是不一世崑崙宛委蓋九萬里
公踐寶笈以捫綠字頡籀捧丹佚盤舒紙董賈而下服就
徒李時吐虹舌以舐天髓日輪所經驪珠失威雖有聖人
式其崟嵜烏兎嫂之爲内外儀古鞠今通春秋問答譬之
蒼函穹靡不台代言講篇應本憶草譬之環漢緯靡不杲

遂包黃姚以至七朝華駢實登鎔爲五金靡所不消策足
立杓以瞰天地視古哲人如數馬尾猶有微畏朝聞夕死
乃遂慨然扶彼橋山洗血佩弓而登紫闕上帝豈蹈亦領
厥報右顧而咳左顧而笑世亦有臣可謂知道何必籛鏗
斟彼雉羹何必徙酰決踵復還而子緊材善讀而書罵雄
嚳原將登爻車何必金吾乃爲萊娛嗚呼如公不以節著
有其著之亦獲厥豎禪顏以文濟蘇以識楊游執經紹壼
講德天壤之間亦大有人彈冠振裾翺翔太清何必同年
棄笠毀車寶此區區如予者乎

倪鴻寶先生應本序　周銓

鴻寶先生人倫之所誦喬嶽也置身於古高矣徒咏嘆其文辭此藪澤之視烏覩所爲寥廓者乎雖然讀先生書見先生人忠孝之事於是全矣先生守正不阿履行霜雪登籍以來身無喉舌之司屢建讜論凡所指陳皆社稷大計憂深慮遠天下諷述其章等於賈子治安魏公思漸莫不頓足起舞曰斯文之出邦家之福故誦定國是毀私書知先生之距邪息詖也誦救纍臣教人材知先生之衞正愛賢也誦省養六章知先生之孝也詩人所以歌陟岵也誦

時政十六策知先生之忠也其言婉而不迫直而不倨曆火之虞枕戈之義蓋兼有之故曰誦先生書見先生人也夫臣子立朝惟敷奏爲大其言正而天下蒙福其言邪而天下被殃發於心術流爲政事治亂成敗皆繇此起先生入告聖明忠誠謇諤得古大臣體立言之道玆爲極軌矣若其餘譔著又可論次云於代言見先生美刺之旨勸戒之義焉於講編見先生啓沃之益忠愛之懷焉於詩章題詠見先生寄託之思諷諭之隱焉於贊序傳論見先生徵古之博憂時之切焉大約其本歸於仁義其言出於和平

至於巉峭奇削幽忽奧渺以御其所得於天之分則古人膏澤與作者性情有相化而不自知者豈若子雲之書專以元深見推相如所著獨以博麗稱美哉昔人有言文無新變不能代雄所謂新變者惟其氣格辭章推陳拔異不踐迹前轍耳若忠君愛國憫亂思治出於倉廂吐爲聲音則點畫一揆若今月古月無有異明今山古山無有異高豈有舍其誠本矜尚辭采可以列星辰並華岱垂天壤而不儆者哉先生之文本於先生之人是以言有千變理歸一條其言靜而遠如空山古刹獨坐繙經其言恭而莊如

高冠大劒廷立而議其言質而和如子弟孝敬家門雍穆其言隱而悲如悼往傷來目惘足動漻然而有救世之容故曰毫毛可滅着紙即鮮石壘相附字久彌顯惟其人之謂也若煙墨不言供庸人驅遣豈復有文字乎世傳漳江黃先生與先生並稱百年之久四海之大兩先生起而作者一空敬其人及其文推之百代亦猶是耳李漢之序昌黎曰日光玉潔周情孔思而澤於仁義道德之旨下走願附斯義也

上虞縣志校續卷四十八　文徵外編

上虞縣志校續卷四十九

文徵外編三

王侍御事略序　國朝　陳鶴徵

鶴徵自幼屈首受書即好論說古今政治之得失人物之賢否每見名公偉人立德立功照耀簡策恨不親炙之也皇清鼎興大啓言路九維王公在西臺所上論列皆與昔賢頡頏已而持斧關西視鹺北地定大難拯殘黎其措置施行間從邸報中覩之輒深仰止王辰秋應詔入都求問公則已出宰金華又五載鶴徵分符爲上虞令始知公蓋

虞產也父老爲言公代有名德尊人別駕公佐大司空治河渠著異績齊魯淮泗間至今頌述不衰家居時數出囊底餘智襄郡邑大夫爲福桑梓以是實篤生公能以箕子之明夷先否後喜公今雖久宦乎家殖甚落子弟咸馴謹退讓有萬石君家風鶴徵驗之信然益心嚮往之尚未接公光儀也閱三載鶴徵既去官扁舟草履往來兩浙山水間今歲至太末還過雙溪公訪諸蕭寺執手諈諉曰余知子久矣似可與語者因慷慨言其生平又出事略一編曰此我友所敘述也鶴徵受而卒業益聞所未聞然公之出

處建立變化神奇更僕不能悉數合所言所敘觀之未可
得半至若鶴徵往日慕公於章疏間抑又管中窺豹也已
秦地回族將叛如厝火積薪莫之知備公本繡衣使者無
封疆軍旅之責獨爲之燕居深念及一旦稱戈相向能子
身坐堂皇諭以順逆不慴不撓視郭令公單騎見藥葛羅
其難十倍而出奇制勝使雄藩底𥁞此公經濟之最大者
乃鶴徵之重公更在加築滹沱河隄而免萬黿之產蛙議
改漢中運糧以甦千里之民命識莫高焉澤莫厚焉至於
今之治發也不以侍從貴臣而心存褻越不以歷年寖久

而稍有怠終道州之陽城春陵之元結何以過在昔唐宗
大僚出領郡縣皆仍臺閣官階表奏陳乞得竟至上前號
爲中外一體今制雖不古而上官終敬愛公故志意得行
婺人倍蒙其惠獨計才德如公以之鎭撫方夏必得使反
側革心以之平章軍國必能致清和咸理天佑蒼生當不
令久淹下位且勿具論但就兹事略言之有保民之規條
可以爲世準繩有用兵之偉略可以生人勇智於其鬼神
効靈而知盛德之食報撫其室家聚順而知和氣之致祥
斯亦政治人物觀感之林也豈必泛論古今遠慕而欲親

炙之乎若夫長君遇鳴散金辭榮遄歸子舍亦復倜儻非常不愧名父之子鶴徵舊宰公卿與有采風之任爰抒鄙衷綴之簡末讀是編者庶不以是爲阿所好乎

倪文貞公年譜序　徐倬

夫譜系者國史之根柢也蘭臺著作先蒐家乘顧非其人則其文不傳即其人足傳而無關於宗社之存亡天命之去留則傳亦不久久亦不能發人之尚論悲思焉嘗讀睢陽傳後之書桑海遺民之錄其於見危授命殺身成仁之義摹寫淋漓文章頓挫百世之下嗚咽涕泗然此猶出自

他人手筆也若夫孤子操觚諸孫譬字墨和淚漬血與汗青如會稽倪公年譜有不初讀之而慨嘆再讀之而泣下浪浪者乎公之學問似邵康節其孤忠粹白似諸葛君敷陳剴切如陸敬輿才猷方略如李伯紀抗節隕身如文文山固光嶽間氣所鍾而亦祖宗三百年培養之一人也公初仕時貂璫肆虐觸迕忌諱幾致危殆及沖聖登極初旦揚暉太阿新御而宮鄰金虎之徒尚蟠互隱伏於朝堂之左右公抗陳三疏毀要典辨東林伸乾坤之正氣分流品之清濁王心大定國是分明且身居講幄其所啓沃皆能

禪益時政君臣遇合懽同魚水使公而不去左右丹扆隨時補救世事雖非尚可撐持而柄臣媢嫉必欲去之以舟楫霖雨之傅說使爲遜荒舊學之甘盤當時之論不獨爲公惜而實爲天下國家惜也迨夫鋒車應召單旅勤王佐中樞而主國計左枝右梧心枯血竭而虞淵之沉不可復升矣泗水之淪不可復出矣公惟有攀龍髯騎箕尾辦一死以報主耳嗚呼痛哉天乎人也其時人望所屬有漳浦黃公山陰劉公及吾公而三鼎足並峙神山相望然黃劉二公尚或迂濶不近事情而公通達時務眞實經濟其制

盧制實八策有明徵也故當宁信之最深言無不從迨公去位而聖明回惑視聽易淆其於政事也倏寬而倏嚴其於人才也有邪而有正皆以無人啓沃之故也然則公之一身不大關乎宗社之存亡天命之去留也哉夫涉洪濤者必藉長年之柁救膏肓者必求扁鵲之方今中流而忽掣其柁臨危而亟易其方吾不知媢嫉者之意欲何爲也書曰媢嫉之臣以殆我子孫黎民其言豈不信然歟柄臣排擠多人而最彰灼者爲吳門文公會稽倪公文公有子爲竹塢遺民所著若定陵治略先揆識餘烈皇小識諸書

稱爲信史公有子爲無功先生著書尤富與鄭馬相埒郎
今所撰年譜當年時事無一不貫串於年經月緯之中非
僅一家書也海内稱二公子如靈光古殿魯社明珠嗚呼
二公之箕裘其不墜矣公又有墓田之錫予名祠之俎豆
食報視文公更厚天之報施不於生前而於身後不在當
世而在千秋公英靈毅魄在帝左右俯視茫茫塵土中有
帶經而耡者乃公之裔也有不懽然而笑乎倬方成童時
於章句之外喜聞時事見公三疏迴環誦讀每忘寢食私
錄是疏及武侯出師表老泉辨姦論歐公朋黨論及胡澹

庵封事裝成一帙藏之篋笥塾師見之爲之大笑憶庚辰歲朋遊越中公正在家居龍門高峙絳帳宏開四方執羔鴈而來者日數百人倬亦在旅進旅退之中公不知此童子爲何氏也時無功郎享盛名捧珠盤執牛耳人遙望之以爲巨公宿德不知長倬纔二歲耳亦在弱冠時也倬後入谷霖蒼學使幕中命倬同張子壇爲明史紀事本末其於崇禎治亂一篇載公奏疏最多紀事體製每篇俱綴一論獨於東林黨議一篇不復作論祇綴公數語於其後以倣司馬遷紀秦以賈誼過秦論爲贊其竊取之意故有在

矣末學荒陋浮沉世俗固不敢妄學昌黎亦不能如龔聖開作文宋二君傳惟與無功俱在耄年結方外交吳越相間二百里無繇覿面祇以蠅頭鼠鬚書疏來往相思有路江山不隔今獲茲年譜當奉爲天球河圖永作世寶因跋紙尾以誌私淑之意云門下士吳興徐倬謹薰沐拜手跋

韓桃平桓罍記　王猷定

盧龍韓子桃平以庚午遭變攜家南下卜浙之上虞居焉己丑亂虞城復破徙會稽寓若耶之濱庚子冬予遊會稽韓子坐予最高樓樓柱懸折梅丈許貯小缾內花半萎韓

子愀然既而憤爲告余曰傷哉吾罍之不復見也吾外曾
大父朱公名錦者宏治間守青州盜發齊桓公墓獲寶玉
刀劍鼎匜事覺藩王及諸有司分取之外曾大父得銅罍
徑二尺高如之土花繡蝕天將雨現五色雲氣光怪煜煜
不一狀歲臘貯梅其中自蘁而花而實三月不衰數傳至
吾祖寶之罔失亂後余置小驢載而南亡何虞城破吾罍
殉焉久之有言土豪陳朝廷者入余家攫去遣人屢求贖
不應夫以吾先世守之物不没於盜而没於豪其甘心乎
予曰甚哉子未曠觀於今古之際也且以齊桓言之當其

憤周室之熸於山戎也刜令支斬孤竹縣車東馬踰太行與卑耳之貉拘秦夏以朝天子何其盛歟及其亡也邱墓之不可保雖盜賊皆得而侮之山戎之於周猶盜賊也以周室之神器周天子不能自守山戎覬之桓公爲周天子報仇固周鼎四百年使山戎不敢窺春秋特書曰齊侯伐山戎大之也今以齊諸侯之塚守之二千餘年一旦見發於盜賊爲齊之藩王諸有司當必憤然曰此爲周天子伐山戎者也桓公之仇周天子之仇也抑我仇也藩王諸有司不能制盜賊又貪盜賊之物且爭取之爭取於數傳之

後歷喪亂而猶不忘是何溺於小而忘其大耶或曰曇得之盜賊之手非韓取之也今爲韓有矣有而棄之是忘其先世也曰非也齊之滅紀也紀侯大去其國襄公復九世之仇何有於甗迨頃公九年鞌之一戰而以紀甗獻之於晉使桓公有知必痛其子孫之不克守其社稷盜紀甗之不忘哉子休矣盜之發塚也山戎之禍也豪之得曇也紀甗之痛也子明於春秋之義其於輕重大小則必有分矣韓子曰然抱器而歸固予志也若子之言則誠大矣然則世之遭亂而亡其家者毋介介於一物之微而修怨匹夫

哉爲之記

送倪玉繩序　　顧景星

日猶熱也月猶滄也風猶是豪豪蕭蕭水猶是滔滔也峙者山也方而下者跖也噬嗑者齒召便溺者二孔也無有異而至言市朝風向輒曰彼時此時雖號賢有智之人不能無變則何也噫可嘅矣然而善觀變者于其時而善觀人者于其變崇禎十四年六月上繫蔡奔琛奔琛言去夏六月臣同邑諸生倪襄贄於庶士張溥之門歸語縣令丁煌言溥大有力立可禍福人溥結黨聲援陰握陛下黜陟

之柄上震怒逮問煌煌服詔下襄獄是時溥已卒公論伸溥上用御史劉熙祚言取溥所著書覽而善之因遍閱溥諸弟子姓名襄適從獄上書上廷鞫曰襄何罪且善文其赦襄襄感泣誓以死報帝既殉社稷襄書生無可死徒步走留都禮部請試七省流寓貢士而襄以夏邑籍舉第五人爲選吏始襄裘馬交游佳公子也聲名藉起爲名下士無何詔獄囚既出折節礪行期立功名報天子而今則寄食江湖與余別八年矣遇于虎林幾不識爲故人疑其黃冠也既而相與太息字之曰玉繩君安往曰吾將挈妻子

鹿門吳市終吾世焉計玉繩生平五變爲佳公子爲名士
爲詔獄囚爲選吏今布衣長往其不盡時之變之與其時
之變之與比者海波飛立颶風吹山作平地大江白浪搖
天九首四翼三足之怪出沒君愼無往上虞君之故鄉重
巒遼壑可以觀草樹之蕃落閱候物之遷化悟陰陽之消
長蚤息而晏起飽食而安溲毋登東山弔謝傅毋陟覆巵
悲康樂毋南望大海想徐福之神仙毋西眺會稽思句踐
之甲楯吾聞鳳鳴玉京之洞眞仙往來雲鬟雪肌晨肇柏
碩所未遇子其往焉吾與子之故人吳公超在日寒月熱

風絕海竭縮鱗弭鬣毋爲豫且得于是舉酒三歌以送之

徐昭華詩序　　毛奇齡

閨中傳詩自三百始顧三百多釆藍伐肄執殳弋雁之婦而其後班蔡鮑謝下及管李非名臣巨閥傳詩頗鮮蓋閨閣夫婦操作不暇何暇與之言文章事哉獨是金閨窈窕易於作僞故世傳李都御史妻陳懿遺詩半屬贋成而近年女士黃皆令游於諸家知閨中所作類有藉於補鏝者則夫閨詩之未易工也始盦徐昭華以詩傳人間者有年其人慧生而產於世家文仲山君席大司馬公遺業著書

等身而其母商太君則爲冢宰公愛女稱工詩者然則昭華之能詩豈待詢哉第昭華嬌穉不屑就女傅卽隨兄弄文史亦未嘗斤斤爲學乃驟然搦筆相傳元夕隨諸姊觀燈曲廊向月獨吟遂有詩今集中絕句所謂看燈者是也乃昭華特好予詩凡繡枰鍼管脂盝黛奩偶有着筆卽漫寫予詩以當散翫故其後謬呼予師而予得藉是數數課題面試以驗誠僞嘗窺其落筆時頃刻簇簇如弱羽之翻窠而新花之生樹雖使鄒陽子建强顔伸腕猶不得與之爭新鬬捷矧詠蒲吟絮何足相上乎故曰如昭華者可令

班昭爲先後蘇蘭爲姊姒非諛語也特工詩實難雖曰閨房之文易於見傳顧亦視其工何如耳考風詩有名字者唯綠衣燕燕白華河廣諸篇其他有其詩而亡其名至若漢唐以後凡史乘所載宫闈書目自班姬左嬪道藴令嫺以下合若干人皆各有集名存於目中多者十卷少亦不下三四卷乃數傳以降殘章斷竹或存或没甚至通集遺軼有其名而亡其詩郎或統爲選輯若顔竣殷淯諸君所爲婦人集若干卷者今藏書之家亦並罕有而團扇一詩千古不滅則非閨詩之易傳而閨詩而工者之能傳也昭

華亦勉爲其能傳者而已矣

徵士徐君墓碑銘　毛奇齡

君仲山諱咸清上虞下管村徐氏歷世以科目爲京朝官祖諱鄰萬歷壬午舉人僦居會稽父大司馬諱人龍與伯父諱宗孺同母兄弟同登萬歷丙辰榜進士伯父還下管而司馬公留會稽之稽山門家焉君生而慧一歲識字五歲通一經甫畜髮即能以官監生應鄉舉入場有文章名仲商夫人者大冢宰商公諱周祚女也國色與女兄蘇松巡撫祁公夫人俱能詩近世能詩家呼爲伯仲商夫人冢

宰公還朝值司馬公以副都御史巡撫山東見君於官署
而愛之許爲婚姻會國變司馬公以大司農起用被召中
道旋返破產與兩浙巡撫黃鳴俊募閭左勤王不利南都
建號者仍以公與馬士英同掌本兵而公怒卻之提一旅
歸與故總兵官王之仁屯之西陵名西陵軍　王師下江
東西陵軍潰司馬公狼倉走海上家人東西竄冀稍定而
君方重病且以國難遘家難意托落無生人趣及行嘉會
禮御扇驟見商夫人大驚曰吾以是爲王霸妻足矣乃就
故居稽山門辟寢前廣庭搆以藥欄設長筵當中發故所

藏書散琛之而對坐縱觀暇則抽牘各爲詩如是有年天
台老尼從萬年來遥望見夫人合掌曰此妙色身如來也
蓮花化身相好光明既而咄嗟曰善持之善持之幾見曇
陁長人間耶於是君與夫人約請各爲課程吾當著一書
消此白日而予且從老尼請發願寫妙蓮花經三部以延
其年何如夫人然之乃復自揣著何書吾研練經術久矣
請合并羣籍而正定之以刺取其意與事之禆世用者筮
之得屯之五曰小屯吉大屯凶曰猶之屯爾盜爲其小者
而已於是著小學一書博取楊雄訓纂許叔重說文以及

梁顧野王玉篇并後儒川篇篇海諸書以正字形取陸法言切韻孫愐唐韻暨宋祥符景祐間廣韻集韻諸書以正字聲而於是縱考十三經子史文集暨漢唐宋元諸大小篇帖凡有繫於釋文者悉旁搜博採以正字義自一畫以至多畫合若干字合若干卷名之曰資治文字而夫人齋蔬性不喜肉食至是斷之日給粥一瓷酪一瓷金菊湯一瓷焚香滌指以辰申二時寫梵頁三番計三部合計所寫字二十萬八千有羸凡三年寫成會廣孝禪師大殿工竣三目尊者君方外友也率僧衆披衣拜於庭乞施一部去

供其一於殿極甍間周以朱木函而甃結之使風雨蟲鼠俱不得蝕而納其一於毘盧遮那世尊腹中綴以金銀寶珠而幕以錦紋撾鼓集大衆宣揚之其餘一部則送之天台萬年龍藏中以老尼從萬年來也康熙十七年　上開制科令京朝內外各舉郡縣有才學而堪與試者道府爭薦君君辭不得遂赴京先是閣中判詞頭照前代典例多用查議查覆諸字而高陽相公精字學謂字書無查字縱有之不作察解此必原判是察字而北無入聲呼察聲如查故訛查耳訛字何可用因啟奏　御前凡判詞查字俱

改察字然終不解查與察沿訛之始至是應制科者紛紛至每至必合數十人謁相公門下君進謁高陽相公徐詢曰察聲訛查有始乎在坐無對者君逡巡曰漢書貨殖傳有之顧查爲在聲之訛非察聲訛也高陽瞿然曰何言之曰古在本察字爾雅曰在察也堯典在璿璣玉衡以齊七政是也第三聲呼在爲查以查與槎同漢書貨殖傳山不茬蘖卽槎蘖也而字乃從草而諧以在聲故在聲爲槎槎轉爲查則是查者在聲之轉也猶之在之又轉而裁爲財也若曰察之轉則是乂也差也察豈能轉查乎高陽遽色

變乃復進曰察聲不轉查然而在卽察也改查爲察可乎
曰不可老子曰其政察察亦惟察名不可居故以在字隱
察名而轉聲爲查若改察仍察察也然則查可乎曰可曰
此則僕之所未聞也夫字必有義查字無察義而有在聲
使徒以聲同之故而不顧其義則道可盜也曰道固不可
盜而在則可查不觀在又爲裁乎在之爲裁察義同也然
而裁之又爲財則無義矣裁可財則在可查矣裁之爲纔
僅義同也然而纔之又爲才則無義矣才可纔則查可察
矣高陽惘然謝而起其後三相錄試卷糊名然終不用益

都相公薦於廷　上曰有著乎曰有曰何著曰資治文字
資治文字何謂耶曰字書也旁一相曰字書小學耳遂罷
既而益都擬再薦不得君曰小屯吉吾向不爲大而爲小
此屯也然而吉矣吾幸得歸矣初君到京時益都相公欲
館君於邸會邸客將滿中有一客鄉人也作字補一書内
有觽字註曰水雲角觽遂音妻而入角部中或以問君君
曰吕覽曰水雲魚鱗未聞角觽也客大恨遂沮之至是欲
再薦則同舍者沮之君歸而逍遥仍與夫人相對坐戀花
觀書越十年庚午七月七日微疾卒于東女昭華皆有才

名越中閨秀舊稱伯仲商夫人其後伯商夫人女有祁湘
君者繼夫人起而仲商夫人則昭華繼之旣而昭華名藉
甚過於湘君嘉興曹侍郎曰自左嬪蘇若蘭後文章之盛
無如徐昭華者昭華壻駱生名遂襄錦乃爲詞曰平原康
樂席世勳兮將挈妻子居之吳市門兮闔戶著書其閒情
兮如何翁思復舉明經兮區區小學等曲禮兮食肉食肝
不如歸故里兮特負畚者非鴻妻兮老萊童鴻反北之荀
倩兮七月七日黃姑上天兮龔門虛左將駐此妙色身兮
君有子過中郎兮千秋之室堂堂兮

王大夫述　胡天游

甲辰二月予自杭以舟而東有上虞人求載者狀甚遽叩之乃對曰吾大夫王君卒次歸喪京師吾將從邑人祖焉語終蹙然於是詢之曰子之君亦奚政之惠於若士乎訟息乎獄罄乎刑不施乎盜賊徙去乎利興而害剔而教化徧洽乎則默然哂遲然應曰否否然則子之情如喪親愛而不能已其若何曰吾大夫為治訟即不息而聽以平獄即不罄無濫且有卹也刑不得不施而慎又從其省者盜賊或間發擒於庭治而諭勸之時時傒吏胥不得奸武猾

不得暴催科無有追當事無有惑是盡心於民彼利之予
而害之去教之行而化之及果令一人責耶吾固好游今
天下割省大小十五嘗以至焉郡百數十州邑幾二千守
長廉惠未數聞其貪黷殘鄙接壤連境符出一孔求吾大
夫之政以賢於盜祿血國豈不謂遠哉如必子之云古吏
之良也於今其奚獲焉予聞而喟然大三代而上非賢且
仁者無以涖官故其政均而民不知所頌三代之下所以
爲治者既衰若兩漢循吏猶多以養民導俗爲務後世益
婾選舉術乖託要重者雖玷位無罪善諂賂者而牟賊曰

才是以民誹不服具瞻而嘻若王大夫於虞非有異施家感人說巳懼若來者之難似然孟子曰饑者易爲食渴者易爲飲其信然乎吁

案王大夫失其名考稚威先生雍正癸卯副貢述首紀年甲辰爲雍正二年查職官表王國樑旗人歲貢康熙五十七年由山陰署任下接雍正虞景星三年任水利志五十七年知縣王國樑築塘至五十九年郡守俞卿築塘時知縣仍係國樑然則甲辰以前所謂王大夫者定當屬之國樑且述云歸喪京師正與表云旗人符合其爲王國樑無疑

明太保倪文正公祠堂碑銘　全祖望

尙書贈太保倪文正公本上虞人而居會稽今有司致祀皆就近涖事於會稽而上虞反闕焉然會稽亦未嘗有特

祠乾隆戊辰知府揚人杜君謂當建祠於上虞而苦經費無所出時予方主越中講席語君以上虞故有書院何不即其中重新兩楹以祀公古之釋奠必於其國之先師公豈非上虞之先師也與是甚合禮意杜君曰善因捐俸鳩工特具栗主以入祠而屬予銘之因國之季天下所稱大儒蕺山劉公漳海黄公而公實參之蕺山爲公同里然其初人尚未盡知其學公與之語而歎曰劉先生今之朱元晦也每見學者輒語之曰勿坐失此大儒故年譜亦推原證人之學得公始光漳海爲公同年其在三館最相傾倒

甲申之難漳海哭之曰鴻寶死天下莫能宗予也夫顧蕺山之學不甚合於漳海而公則與漳海之學相近乃其於蕺山絕無間言遣其弟勛齋從事證人之社而長子無功受業黃氏去短集長不名一師斯其所以爲大儒也與公之學尤邃於易然所傳皃易內儀尚非完書特其儀中之一種所云易以者也尚有易之亦成書而未出其曰以者取象傳曰之者取變卦也然又別有目云易像云易崇云易迭云易知云易趨云易成云易定云易歷云易律云易見云易統云易序云易配一如內儀之分列者其書皆已

起例削草而未及卒業予曾求之其家得其易之二卷手稿殘斷不完爲之太息葢公說易大都在理數之閒天門地戶淺學未能窺其藩也公之直節在朝廷精忠在天壤不特明史書之抑且五尺之童皆能道之獨是蘋蘩薀藻之祀乃在講堂則所當言者乃公之學且公之學卽公之直節精忠所自出也諸生其能讀公之書引伸其墜緒而得公不傳之旨以見之力行者乎是則公之所望也乃若蕺山官爲總憲其淸苦刻厲有布衣所不堪者漳海亦然而公則頗極園亭池榭之勝衣雲閣之風流當時所豔稱

蓋公先世故膏粱尊人四歷二千石亦行乎其素耳試觀其立朝死國何者不同然後知三先生之趨一也今天下士習之汙極矣諸生遊公之祠予請誦公易之之說以相厲易之有云兌之朋友講習乾道也乾惕及夕志潛於習氣躍於講志氣交發文明日見是故作朋求友者天子之事也以五見二乃曰利見大人利見者此朋友也人有大人之德則可以朋友天子天子不敢亢大人而臣所受教此飛龍所以无悔而乾之同人卽二之變也是言也自孟子以來未有言之如此巖巖者殆當公爲講官之時乎顧

公之言所以諷天子而吾引之卽以勵學者夫必有大人之德而後可語此其亦宜知所興起日夕講習自拔於犬馬艸芥之中以雪江河日下之恥也已公之弟元瓚卽朗齋嘗仕閩中爲太子賓客子會鼎卽無功嘗官職方參漳海軍其後皆爲遺民有高節應得祔祀予於公之主入祠旣已爲之迎神送神之曲至是爲之銘以復杜君其詞曰

在昔元公晚徙廬山亦有朱子不返新安故香鄉火永矢勿諼大儒所生足重山川始寍巖岫色正芒寒三菁仙草以當蘋蘩文正騎鯨來往其間諸生敬哉玩茲微言

跋始寍倪尚書墓銘後　　全祖望

鴻寶先生在明謚曰文正其在　國朝謚曰文貞當時禮部牒行浙撫下倪氏文卷可據也今明史並作文正誤矣初明人本擬謚爲文忠先生之弟罰齋願得文正或曰文正古未有以贈死難者罰齋曰是乃所謂得正而斃者也議遂定於是同難杞縣劉宮允亦用此謚并及於遜志先生皆以罰齋之言故也文貞之謚於義略同然終未可竟混爲一也

徐亮生公傳　　毛甡

公名人龍字亮生其先人卜居管溪插折管於地管生遂定居焉是爲上虞下管徐氏徐氏自明洪武乙卯迄崇禎癸未多由甲科登顯仕齒序不闕以故郡之稱望族者先之獨其以明經著者爲易爲書爲詩爲禮記而缺其一公父鄰首以春秋中萬歷壬午鄉試而公繼之自萬歷丙午舉春秋第一遂與其同母兄宗孺同以春秋成丙辰二甲進士而於是徐氏一門得備五經高第者自公之父子兄弟始公嘗曰吾嘗爲壻於陶文簡先生之門學爲文頗見許可顧中原多事亦安貴此帖括爲哉每出入瀏覽或臨

眺輒留心韜略冀得當以報值神廟以視朝日夕竟輟館試僅改公工部主事使荊権権未及竣而適有湖廣督學之命以公爲能文也公之試湖一歲一科未嘗啟客幕校文獨身攜僕日閱卷千百皆竟試之明日榜甲乙無一失者其所甲士應舉多中式先是湖北文盛每科得解額十七湖南雜猺獞荒略僅得十三以爲例至是湖南舉四十九八爰有謡曰龍德何盛兮鳳德何衰其所謂鳳蓋湖北學使者顧君起鳳也當其權荊關蜀寇樊龍等殺撫據蜀江漢震動公與楚撫日議城守事甚具暨受命督學悉力

文事顧中必剌促嘗以武備爲念故事學使者僅止義陵
凡義陵以南辰沅郴靖諸地皆就試無一按其地者公毅
然請往或難之公曰豈有乘使車而中稅者自桃源南入
連山接嶺爭高競隘頽垣牽木間以叢篁初偃轝行至有
挽轝不得前者步趾裁通其榛梗冥接藤盤筆錯之間屢
絕供應或勸之還不許然公每度一關必徘徊相視詢其
形勢及度辰龍關徒行則盡得其要害後勦臨藍大盜預
知其險易廣隘以是也凡所至居人驚喜以爲開國來無
此事者遠近爭來觀及試則惟辰郡與盧辰二溪能爲文

至溆沅則俚歌謠諺雜成靖川與峒彝相半能通論語一
章者卽舉茂才時辰哲黔難文士皆從繕應門公拔其一
二稍俊者蠲之且風之曰是朝廷所以重士者也何地無
才苟能讀書通經術則朝廷正用人之秋亦何至伏櫪鹽
車趯趯叢篁間哉士人聞其言皆感動且有嘆息泣下者
自長沙終衡徧歷五千里凡八閱月而試成再試如之會
璫難大起公先試士時有策問數題侵璫爲璫所銜將中
以奇禍而不得其隙尋遷分巡湖南道參議公念親在且
老恐一旦不測以貽吾父憂因乞予終養凡十二年崇禎

壬申公父應吾公卒乙亥服未闋即起分守嶺北道服除拜命公乃增拓贛南五城以舊城庳隘寇屢陷遂增南安城高廣各三尺興國城高三尺拓安遠城七百餘丈龍南城八百二十六丈寍都七百五十九丈諸增高與興國郴等地者更築朝廷嘉其能已遷蘇松兵備道按察司副使而虔民留之制可於是三臺合舉尤異而大巡劉君復特疏薦公邊才會桂陽賊起其渠劉新宇李荆楚等分據牛矢蝦塘諸寨以數十萬賊累陷衡澧茶攸湘潭祁陽之間凡四省壤接如吉袁韶樂寍永所在告驚獨虔以公在多

戒備無犯既而圍長沙復攻衡州兩藩之封於其地者呼救闕下上怒命兩廣江虔會楚合勦而檄公監軍舊例監軍非分守任僚佐皆難之以諷公公不許時沅撫陳君首議論撫公曰兵未動而遽議撫此示弱於寇也寇必不從縱愛民不忍斬艾亦必厚集兵威摧堅陷險力足死之而後徐以情生之沅撫然其言遂斬桂守所誘賊曾冬保等若干人以狥公乃揚言楚兵當勦我何爲先之況暑不輿師盍散馬俟秋風生長驅而前時六月二十一日天雨夜晦瞑忽下令鼓三入牛矢寨賊不虞兵至大潰焚其寨牛

矢爲桂陽賊寨之冠聞牛矢破諸寨皆膽落先是文吏極輕武弁公督學湖南爲甲子科武闈總裁其策問痛言文武軒輊之弊武士皆感激及至贛首擢遊擊謝志良及參將董大勝嘉其壯勇引之後幕計治盜事嘗脫所絓寶刀以賜志良至是以志良爲前軍大勝繼之志良遂自效乘勝連破數寨曰洄裏曰銅梁曰猴寨曰蝦塘擒賊雷天召蔣明宇等其帥劉新宇脫走者三而終獲之遂以七月從臨武與楚兵合於是參將大勝以偏師繼進其所破寨曰茶山曰香花嶺曰竹坳志良復從木灣鵝王寨黃沙寺轉

人並破二寨曰芹寨曰姜山生擒渠帥劉紅鼻劉恩榮等八月與粵兵合既又破高獠紫獠二源並搜檀源山破寨一曰石門其餘走羅源者願輸萬金犒軍中以求免勦不許會大勝自藍山還道經羅源公指授方略破殲之大勝以數騎追獲李荆楚於大板沖自六月至九月凡四閱月破寨三十八生擒賊帥十有八人斬級萬餘俘而歸者無筭公嘗謂虔撫曰兵無分制分制則其勢扞格而不行令合兵四省統制惟一蓋必規畫定而進退不疑號令一而期會不爽儲峙專而饑渴不貳虔撫然之遂悉以機務屬

公使便宜行事故公得專意肆志以致於成捷聞初已遷
公武昌道晉參政至是上特詔公至京賜對故事道臣無
取召者召之自公始時楊嗣昌以起復執政兼本兵念公
曾官楚冀相引重再拜執公手指所坐曰以此待公公初
應召疏譏時政與嗣昌忤至是見嗣昌墨衰經在坐連矚
之懟言予十二年終養事慷慨激切嗣昌眙瞪不知所對
遽引退旋會朝房議邊事嗣昌議增兵內防公謂有進禦
而無退守晝宮而守之是欲閑臟腑而棄榮衞也且未有
增兵而兵可用者嗣昌怒次日公復上疏力言驅之室中

不若拒之門外其利害難易相去甚懸上御平臺詔公對初及守贛賑饑民事公曰飢民非可以槩賑也夫發帑則病官閉糴則病民臣先示之以發帑之意且過稱廩庾豐裕兼可給糴使富戶之閉糴者爭減值出而後定規畫取閭師之識饑戶者別之約爲三等矜寡老病者賑力耕而餓者貸之不責子能自全者平糴而於是全活者衆上素寡言時同對三人皆無問獨問公全活幾何公曰以十萬計上色喜及對他事畢退上猶顧左右咨嗟曰活人至十萬亦幾矣時嗣昌在側遽曰虞戶版幾何而動言十萬此

罔上也上默然久之然終嘉公能諭吏部遇督撫闕推用遂超拜都察院右僉都御史奉勅巡撫山東登萊東江等處陛辭賜銀兩紵絲表裏遣中使四人扶肩輿出都觀者榮之及至鎮歲饑題免積逋銀四萬七千兩捐本年租增修昌邑濰縣諸城改築平度州爲石城一如守額之五城者孔兵引朝鮮船至旅順鳴鼓告急公方治文書展卷不輟寄檄津門山海之爲犄角者乃令標將余國祚預貯火筒以焚其船至夜襲破之獲大銅礮三十餘架東海之覬伺者自此頓息特慮流寇勢橫將阻漕欲疏膠河故道傍

通海運既已親歷相視具有成畫疏入嗣昌銜夙怨謂漕非公職嚴飭之初公赴鎮時屢以他事奪公俸至是奉嚴勅知事不可爲自陳奉職無狀請告歸無何嗣昌以督師死衆望公起會兵部增設右侍郎備邊關制督之選廷推公爲副以覘上意上見公名即報可疏辭不允甲申復首推公戶部尚書時倪文正司計力薦公可用故事計官無浙人者上特用文正今復用文正薦特旨兵部馬上催公入京至淮聞闖變慟哭草檄討賊劉忠端見公檄曰信矣遂詣浙撫黃君同舉義以應宏光朝馬士英兼本兵公仍

爲副每同堂坐機事一決于士英公不平求去且每在堂
公正色危坐士英踧踖不自安遂分部事判兩堂命公督
理𩥇庫漕運暨公諫罷朝語侵士英且極言安置四鎮不
宜以廬鳳淮揚祖宗湯沐重地遽予之擁兵自衛之人夫
帶礪之盟俟有成績即事在急遽爭先歆賞亦必策以自
效使恢一城即予以是城復一地即予以是地當前激勵
未爲不足乃兵未即動而遽剗內地以畀之江南尺寸土
可勝剗哉士英惡其言諷臺臣劾公無可劾乃使御史何
綸論公耄失拜舞儀勒致仕時公年六十有九矍鑠進止

步履無少誤者江東監國起公工部尚書及閩中建號以
武英殿大學士兵部尚書起公遣公門下士閩撫吳君春
枝賫詔諭促公入閩不答杜門卻埽者七年臨卒流涕曰
吾頗知兵且官兵當國家需兵之時乃不得效死爲國家
用

倪文貞公傳　蔣士銓

倪公諱元璐字玉汝一字鴻寶紹興上虞人父涷萬歷甲
戌進士官南兵部郎定船政軍衞尸祝之出知撫州歷守
淮荆瓊三府所至稱循吏公性奇敏五六歲即能文字作

牡丹賦識者目以公輔才天啓二年登第改庶吉士授編
修首輔葉向高嘗曰三年無片刺及吾門只一倪君也五
年冊封德藩移疾歸洎還朝魏奄爵上公配孔廟公典試
江西命題譏切奄怒甚會莊烈帝登極奄伏誅得免於禍
崇禎元年遺黨阮大鋮楊維垣等護持舊局力扼東林公
抗疏分別邪正之界幷請召用韓爌文震孟辨鄒元標非
僞學請復天下書院維垣再駁公再疏柄臣以互詆兩解
之時逆案未定奄黨猶存得公首先抗論清議始明而善
類亦稍登進尋進侍講四月請燬三朝要典帝命集廷臣

議遂焚其板時同郡來宗道曰詞林故事惟香茗耳何事多言朝列因呼爲清客宰相公又與兄御史元珙追論故相魏廣微顧秉謙不職詔擬焦芳例黜廣微爲民秉謙削籍于是科道中毛羽健鄒嗣祚高宏圖顏繼祖相繼劾逐魏黨旬月盡去上親定逆案分七等禁錮實公三疏啓之也四年遷南司業再遷右中允上特重武科始命行殿試涿州馮銓子負技勇而下第中官以聞帝疑考官有意抑之悉逮下理勅公偕方逢年再試事竣公白其無弊請貸之是時輔臣韓爌錢龍錫劉鴻訓相繼罷而温體仁周延

儒入閣右中允黃道周以救龍錫謫外公疏稱道周行淸
識卓非臣等所及願以巳官讓之代貶又薦前府尹劉宗
周淸正剛介宜召還京師以勵風節皆不報因四乞歸省
不允政府啗以美遷公曰平生不爱熱官不喜居要人牢
籠之內石齋輩旣去而我獨留有靦面目矣辭焉六年遷
左諭德充講官晉右庶子掌坊事上制實制慮各八策其
端政本則規切體仁云恩怨不橫于胸好惡必循人性毋
徒傷元氣而情面仍存毋浮慕虛名而叢脞滋甚毋以意
見仇獨立之士毋以聲顏拒來告之人如此則材識自生

勳猷自著體仁銜之八年正月流賊陷鳳陽焚陵廟公謂此國家大辱請上下罪己詔悉蠲崇禎七年以前逋賦且謂及今不圖必至無地非兵無民非賊刀劍多于牛犢阡陌決爲戰場陛下安得執空版而問諸燐燹之區哉上從之然體仁條列赦款率以空名塞未盡行也公在講幄撰講義以催科賦額箴切時政體仁謂語意峭急發改公曰啓沃自講官事此後峭急方盛耳必爾當去官一日講說命惟暨乃僚罔不同心體仁在側公語直侵之上怫然抵書盡几端仰首上視公徐申正義上爲霽容其諤諤如此

俄陞國子祭酒先後列上十四事皆援祖制作人才上可其奏意甚嚮之一日手書公名下內閣命以履歷進體仁大恐顧臺省無可諭意者僉誠意伯劉孔昭謀掌戎政乃嗾之訐公封典事言其妾冒妻封章下吏部蓋公爲孝廉時娶冢宰陳有年女以貴介故失禮於姑公稟母命不得已出之約略如陸放翁出婦故事而以所受貧郭數頃盡給之俾長齋繡佛以老旋娶于王始成進士故鄉試錄載娶陳而會試則娶陳娶王並載于錄然既與義絕則例不得封也時同郡尚書姜逢元侍郎王業浩劉宗周及兄元

珙皆言陳氏以不順于姑被出繼娶王氏非妾部議行按撫勘奏體仁意阻即條旨云登科錄二氏並載滕混顯然何待行勘擬削籍上察其誣改命予告歸里十五年冠燄且熾九月廷臣交薦公乃起爲兵部右侍郎兼翰林院侍讀學士以母老辭詔促之明年入都陛見言今之本謀在乎人主力行仁義提振紀綱且今天下大勢西北已月就凋敝則東南爲財賦重地請以九江爲中權武昌爲前茅淮揚爲後勁特設威望大臣統之無事則通貨貿遷有警則南北兼顧此富强之術也帝甚喜乃注意相公矣陳演

既陷延儒以罪忌公入閣詭入告曰天下洶洶患兵農不
得人今廷臣才望無如元璐與馮元飈耳上不察即日拜
公戶部尚書兼翰林院學士而任元飈兵部公以祖制浙
人不得官戶部辭上不聽且引高皇用宋濂劉基爲喻公
乃拜命五月上生節要義疏及郵車戶改雜折省弁職等
事上皆從之五日三賜對公進三說謂戶兵二臣當同心
計畫準餉以權兵準兵以權餉被寇之區餉多虧折敗軍
之壘兵亦消亡彼此相權則數淸而用足若小生小節無
益于事必求一舉得數十百萬又必有利于國無害于民

且云臣本儒生諸所設施豈可權宜苟且臣必以仁義爲
本苟厲民臣必爲民請命上曰卿眞學問之言本原之論
也乃與元颰同志鈎考兵食頗有裨益中外倚之而時事
已不可爲帝亦以用二人晩悵悵而已故事諸邊餉司悉
中差公請改爲大差兼兵部銜令清核軍伍不稱職者卽
遣人代之先是屢遣科臣出督四方租賦公請專以歲計
責成撫按毋煩朝使自軍興後正供之外有邊餉新餉練
餉之目吏緣爲奸公請合爲一又請收漕天津歲運關寍
薊永三百萬石內扣五十萬石輸太倉用四十萬金折給

四鎮米石入錢太倉得米而邊軍喜得金上下便利又請
直省修舉朱子義倉舊法以備凶荒時國用日絀公不得
已請開贖罪例且令到官滿歲者得輸貲給封誥又請倣
元八海運策可歲省金錢四百餘萬帝皆報可當流賊之
起也勦撫互用飄忽難制公謂此猶流水其勢浸盛倘令
雄踞大都按兵四出本計一定不可復禦矣及李自成據
襄陽進取唐鄧規畧大河以南將北渡張獻忠自安廬西
入蘄黃窺武昌以爲聲援公謂二賊當離之使不相及乃
可專力以圖自成授首取獻忠易事耳又大帥左良玉以

縱掠荊楚心懷兩端宜薄責往咎厚責成功乃白之上請
命鳳督及淮皖鄭豫諸撫臣畫疆自守進秦督孫傳庭尙
書督師七省率諸將分道南下勦自成命左良玉沿江伺
便進擊以是傳庭拔寶豐唐郟逼賊襄城而良玉亦收復
承天及荊襄諸屬縣會傳庭軍饑爲賊所乘退保潼關自
成乘勝長驅潼關陷傳庭死之公撫膺大慟曰嗟乎垂成
之功隳于一旦天下事安忍復言乃上疏謂今天下雄藩
無如秦晉請賜勅諭之如能殺賊不妨假以大將之權事
平益封一子以報如遜不知兵令悉輸所有餉軍毋齎盜

糧未幾西安破秦藩累世府庫盡爲賊有焉十二月陳演魏藻德皆以討臣起家詞林錢穀終非所長爲奏上曰討臣誠實心任事顧時艱未能速効耳方岳貢具言元璐清操練事不可易甲申正月上命措餉百萬公奏部帑不滿二千外解未至且奏浙中亂民許都之變勸上停止開礦造鈔諸法乞收回成命上乃不悅令以原官專供講職仍視部事俟代至二月晦始以吳履中爲戶部左侍郎莞計務是月命李建泰督師公謂賊既入秦則過賊當在晉晉有備而後進可戰退可守今黃河千里處處可渡請責沿

河州邑各自防守赦今年田租之半使人有固志又改軍籍爲民籍令輸粟入官永免勾補可致餉千萬未及用而山西陷矣上猶遣科臣中官四出催餉並徵贓罰贖鍰公悉阻罷之賊勢既逼公密請命東宫撫軍江南以鼓士氣而繫人心不聽又請懸重賞募敢死士五百人可破圍召勤王師亦以爲無及公嘗歎曰今上憂勤無失德之事但兵餉空乏是以聽言用人定封行賞多出忙亂吾有一死以報君耳都城陷日公母在浙八十有四矣公整衣冠北謝闕南拜母書几案曰南都尚可爲死吾分也勿以衣衾

歛暴我屍聊志吾痛遂南向坐取帛自經而絕福王贈太
保吏部尚書謚文正
皇清賜謚文貞命有司祠祭焉
公耿介伉爽在翰林時客有佳紙乞擘窠書已揮十字問
知爲中官物欲遽裂之客奪而竄一縣令求草制致束帛
內裹黃金公受帛返金皭然自矢及任大司農庭可羅雀
無敢以私干者公生平學問師鄒元標而友劉宗周黃道
周其持論每自淺近以入深微嘗謂人之附小人者必小
人而附君子者非君子名節之士或有所矯激或涉于假
借皆自欺之病也故學以誠爲主又謂立品始於有恥自

嘑蹴爾汝之間擴而充之逐漸體勘恥爲不仁則勉而爲仁恥爲不義則勉而爲義又謂人當清夜時檢點旦晝所爲便有多少不慊于心處從此隨事警省卽集義之方也嘗稱宗周曰劉先生今之考亭歷年又曰念臺是當今第一人物歷年又曰此老眞大儒胸中無所不有不但清孤可信也其虛懷樂道如此公所著兒易及春秋覯通二書皆有關經學又奏疏十二卷文集三十餘卷子會鼎編輯完本藏于家

黄肇敏家傳　　汪沆

肇敏字克成姓黃氏上虞人少穎慧讀書過目不忘年十
七爲學官弟子性伉爽不畏强禦樂救人之難窶人子負
官鏹將鬻妻以償相持而泣肇敏慨然爲代輸邑有武弁
縱兵凌百姓勢張甚莫敢枝梧肇敏列其罪狀揭于監司
監司陰庇武弁持兩端不下復揭于院弁卒落職去一邑
稱快四十貢入成均户部侍郎李仙根疏薦于朝辭不赴
歸葺漱芳軒貯古法書名畫吟嘯其中以自娱樂同邑周
聲鴻能文家四壁立肇敏引與友尋爲治裝促其游學京
師聲鴻渡錢唐江盜胠其篋垂橐以歸肇敏又割膏腴田

以貧之既行仍振卹其家使紓內顧憂比肇敏入京聲鴻已譽滿長安矣逾年聲鴻授河南商邱令緘書招肇敏肇敏念不見故人久爲之命駕留一月卽歸瀕行聲鴻厚報之稔其介不敢遽進因密置于金篋中戒僕人勿泄肇敏抵家啓篋僕以實告肇敏歎曰我知故人故人不知我何也雖然返之逆故人意吾爲周君代宰可也乃召貧不能葬及過時不能昏娶者給之一夕立盡肇敏家居撰述極富卒年六十二既歿之二年有宦于粤東者致賻三百金云貸之昔年家人無一知者蓋其生平陰行德而不求人

知類如此

孝靖倪先生傳　　茹敦和

孝靖倪先生會鼎者字子新晚而自號無功明忠臣文貞公元璐子也年十六補諸生其時於書已無所不讀會漳浦黄先生道周方謫官江西以病稽於越文貞舍之衣雲閣命先生禀學焉既而黄先生復被逮廷杖下詔獄先生從之京師經營橐饘受學於獄中黄先生戍辰州阻於賊未赴先生從之大滌又從之武夷會文貞以兵部侍郎召先生始歸崇禎十七年三月明亡莊烈帝崩文貞死之四

月越中變聞左都御史劉先生宗周蘇松巡撫祁公彪佳吏科都給事中章公正宸等皆衰絰荷戈慟哭於軍門請討賊而巡撫黃鳴俊不時出師先生以文貞柩在賊中將微服北行乃募壯勇數十人與俱布討賊之檄於天下南都既立福王福王亦無意出師而我　大清兵入關討賊賊竄走遂葬莊烈帝於思陵先生亦得扶文貞柩以歸先是文貞在兵部以擒劉超故蔭一子錦衣僉事至是以殉難故又蔭一子錦衣僉事先生當得兩僉事明世武臣無丁憂例累檄促之赴官而是時皖人阮大鋮翻逆案驟起

掌兵部事先生遂以喪服辭不赴也南都再亡唐王聿鍵僭號於福州漳浦以大學士督師承制授先生職方郎中監其軍事先生復以喪服辭漳浦遺之書曰屬以時事之艱思借箸於君非敢以一官相溷也正使縞冠素韠出入戟門於君何譏於僕何損先生雅不欲與唐王事以漳浦故不可以不赴迤邐趨廣信臥邸舍待之漳浦至議兵事多不合漳浦憤然曰君昔者在吾前智略輻輳今喋喋如此老生耳先生曰先生正欲爲火迫文天祥然於事無濟若何婺源敗漳浦見法於江寧先生請其元葬之事畢遂

歸杜門不復出順治九年
世祖章皇帝褒恤明代忠良贈謚葬祭咸備先生北向稽
首慟哭曰　新朝之於先臣至矣而遺孤墮艸莽將何以
報哉念生平經世之學所受於漳浦者尚歷歷然胸臆間乃
彷四通二衍之例臚爲一書以告六官長屬冀以裨補萬
一書凡二百七十餘卷名之曰治格會通其自序略曰予
少聞禮於趨庭長執經於漳浦妄以習聞臺閣自許無何
銅馬蔓滋潢池羮沸攀髯灑碧岾裂山頹恭際　聖皇整
旅入關受天成命奄有九夏揆文奮武以開萬世無疆之

休於是仰山川之再秀覩日月之重光攀龍附鳳之彥罔不出其經綸以黼黻明盛小人有母奉菽水咏太平已耳會老友蔣子杜陵來自雲間以網羅散失相屬予心韙之特念四通二衍互進迭興而世鮮湛深之士者以有二畏也編簡浩繁望洋無際則畏之端倪雜見作止屢遷則畏之我思古人厥有二道温公作通鑑時流猥以引睡機仲患之離爲二百餘事事爲本末俾若散錢之歸緡貫而後天下知讀書之樂東萊作大事記又復爲之解題考亭善之稱其一句便括一段使如尺衡之占象緯而後天下無

泛讀之憂今法機仲則多其綱目綱有一總以統其全目有巨細以析其杪層積眉列而本末自出則錢無不連於貫者矣法東萊則歸重細目連篇累牘之文括諸數字轉喉凝睇之始洞其指歸則緯無不周於衡者矣其次則言刪通衍相積其勢不得不刪然刪恆不刪特刪同不刪異刪遠不刪近刪瑣不刪大刪文不刪義其大指也亦有事本恆瑣而不刪者如屯田牧地則存其境址賦稅課程則存其規額下至農桑畜牧器用百工既關治道則不得而去亦有事屬殊特而刪之者如氏族六書七音以至金石

草木之類博雅所資而無關政要則亦不得而存又其次則言迹四通遞嬗續考最後書於神宗之中祀今以崇禎爲届四朝典故雜而難稽史志未成稗官叢謬雖就所聞見紀之心焉惴惴不容不跂足於後來之彥也若夫熠燿微明夸稱尙友竊窺往世所操不同杜王矜愼許隲眞贗纖鉅畢宣漁仲天資敏妙瞻矚高遐雄辯所歸不無武斷求其渾脫經史鎔鑄古今層折入微動中窾綮厥惟馬氏所願學也苦才之不逮蚓唱蛙鳴自適己事已爾六十而濡毫八十而輟筆擯罏卻扇心摹手追生平精力盡於此

書冀或免於躐車覆瓿其曰治格者本諸西山大學衍義所云治天下之律令格例也會通有三義言學者以研辨通之言治者以因革通之而言六經言三代者又必會兩漢唐宋元明以通之也先生旣孜孜撰述一切外事皆不問康熙二十年越大水西江塘圮自臨浦至褚家墳決口凡十三處當事者務苟且欲小小補苴先生嘅然而起謂宜台山陰會稽之力以助蕭山按畝而輸分段而築務爲百年之利而是時鄉人姚宮保啓聖方總師閩中議并修三江閘馳書請先生主其事先生乃剡其石以禦湍流其

餘烹秫灌鐵一如舊法又修碶堰麻溪壩治其黄洞之淤塞文移書牘商搉詰難相往復者蓋數百萬言皆先生手書自辛迄壬廢寢食者一載有餘而後訖工工既訖復孜孜撰述如故漳浦蕺山皆文貞執友而先生之學主漳浦不主蕺山其所與遊如黄處士宗羲姜京兆希轍董山人瑒以至孟學思祝守壎等皆蕺山弟子宗羲著明儒學案七十卷先生亦著明儒源流録二十卷以明示異同其他自詩文集外又有古今疆域合志越水詹言等書皆與會通相表裏膠州高相國宏圖遯荒居東城禹跡寺先生繼

粟肉終其身雲間蔣大鴻平階即所謂孝友杜陵生者也寓越主姜公子垚先生亦時賙其困乏其後遺民逸老漸次凋謝而先生享大年巍然獨存或以爲得金丹之術先生笑曰非也康熙四十五年終於家時蓋八十有七議謚者宜興陳維崧

徐漢官學士傳　章學誠

徐公諱復儀字漢官出上虞徐氏幼穎慧其宗人禮部主事觀復早挂冠歸隱居於太平山選宗之俊穎而造就之尤賞識公嘗謂公曰子學問氣節不讓古人但數乖爾太

平山深氣寒多積雪雪深丈餘瀰漫亘數十里沍冰夏始解寒芒射目不可逼視公心契之自號雪潭敏於爲文或與人對弈振筆而書輒有奇氣弱冠爲生員崇禎十五年壬午舉鄉試癸未成進士値祖母陸太宜人卒疾馳歸明年聞國變公投袂起曰君父仇不共戴天即北行會福王監國南京因匍匐上疏言大恥未雪逆賊未擒梓宮未還國殤未恤太子二王未復宜義戰毋利戰宜力戰毋舌戰宜公戰毋私戰時朝士攻訐成習而奸輔馬士英方鬻官爵報私恩怨總兵高傑黃得功又搆兵淮揚故痛言之不

報授刑部主事尋陞本部員外郎乙酉推公主考雲南就道未數日而南都亡時所在阻梗雲南副主考與貴州主考無行者或勸阻公公曰在國殉君奉使則殉君命此大義也且邊徼人心未知虛實必生觀望吾姑以文教羈縻之使有所繫而不散庶幾或有興者其庸有冀乎崎嶇至雲南與巡撫司道言之俱北嚮哭公因勸以勤王不能用也然人心洶洶城門晝閉公告大吏宜鎮靜毋遽張皇校試榜揭如治朝民間賴以稍輯還過貴州撫按請公主貴州試公不可巡按遂自試之故是時明無主而雲南貴州

取士如常制也會唐王稱尊號公趨詣復命改翰林學士
公辭曰翰林學士所以潤色太平此乾坤何等時臣不能
馳驅効命猥賜追陪清宴臣死無以塞責時政由鄭氏公
內不能平乃棄官去抵浙閩閣臣黃道周被執心益痛爲
詩哭之未幾福建敗唐王被執又未幾西陵軍不戰而潰
魯王航海公撫膺慟哭曰無能爲也遂歸拜父母牀下泣
曰兒欠一死爾兒不肖願大人自愛無以兒爲念遽辭去
不知所往或登崩崖躍墮地或夜臥林麓虎豹來觸之不
動幽篁雪窖間樵芻或時見之輒避匿不語公未有子或

諷以父老宜爲後嗣計不答繼室黃妾范先後以憂死不顧所愛女夭殤不哭亦不問也如是數年人無能蹤跡者會天忽大風雨晝晦公暴卒於山麓死狀人無見者或曰兵四合家人散去公歌采薇之詩是夕野死翌日父往視之目箕張哭曰兒死不負國矣無以我爲念乃瞑祔葬於參政公之兆公死無後乾隆七年族生員自僦建三忠祠祀七世聘君文彪九世少卿學詩及公而三先是同府諸生傅列張等祔公於府之七賢祠因爲文以祭曰維年月日後學諸暨貢生傅列張山陰廩生張宗城會稽生員陸

曾亦卒八縣諸生奉明翰林學士前刑部廣西清吏司員外郎上虞徐公神位祔祀於忠端劉先生諸先賢之祠而進其說曰忠義之於國家猶人身之有元氣尼父則曰殺身成仁子輿則曰舍生取義世儒繹之則曰總成一是而已嗚呼乙酉之變　王師渡江金陵瓦解列城趣降孤臣銜命萬里遐荒崎嶇危難險阻備嘗流離顛沛之中不敢委君命於草莽繫人心於一綫羅甲乙而揭榜報簡書以無愧辭學士之清班知時事之難爲遂間道以趨還進謝高堂白髮之悲退深故國黍離之痛指黃泉以爲期仰蒼

天而長慟可以不死而克死先生之仁成矣先生之義取矣先生之死且不朽矣而某等誼切鄉閭慕矜山斗老親如昔皤然黃耇春秋霜露承祧無後魂兮歸來能無恫乎時之不偶嗚呼先生自以致身通顯國恩難忘龔勝比潔伯夷爭光與其汗顏以生孰若潔身以亡子忠父教理順心康此則先生所以獨求其是成仁取義而處變如常者也某等僉謀合議以爲如先生者允宜俎豆於念臺諸夫子之堂庶幾同德比義合享馨香載斟載酌彷彿來饗

訓導連君傳　　李慈銘

古之所謂鄉先生沒而可祭於社者非僅以教子弟興廉讓也本其肫然仁物之心由一家以推之宗族推之鄉黨以及於一國而其所施爲遂可爲後世永賴而國蒙其利嘗攷周官大司徒以鄉三物教萬民其二曰六行孝友睦婣任恤而不然者有刑其屬族師則書其孝弟睦婣有學者閭師則書其敬敏任恤者而鄉大夫三年大比攷其賢能而賓興之故朝有得人之效野無滯賢之歎後世鄉失其職鄉舉里選之法變而爲九品中正又改而爲科舉士之賢能特出者無由自見乃退而自力於鄉以展其效於

國然朝廷終無以旌異之雖功行顯顯萬衆指覩亦止託於儒生之文字以冀或傳於後若上虞連君樂川者爲可慨也君諱仲愚世居上虞之崧夏自少爲縣學生有聲然不屑爲科舉之學家世衣冠田廬殷賑內行全備善無不爲而其一生所致力者在江海兩塘蓋崧夏爲上虞之西鄉其地負海前臨曹娥江而承新昌嵊兩縣之下流山澗瓴注潮汐廖擊於浙東塘工爲最險君熟悉利害銳身任事於道光三十年則有塞十七決口之役於咸豐七年則有築臨江大牆之役於賀家步則立柴塘以護之於後海

之石塘則爲衆擎會以守視之又以孫家渡爲全塘扼要
之地營別業其上建留耕山房及捍海樓葢將終身焉於
此而君亦既老矣未幾遂卒葢竭其財與力於塘而一息
不自懈亦可謂能捍大患以死勤事者也然而宅里之表
無聞配社之賑不及而所謂賢能之興者皆出不能效一
官處不能善一事浚公私以爲己利而已嘗慨近世既以
至庸極陋之文取士相沿成格莫敢變議其不能得人亦
夫人知之而無可如何至於賢良方正孝廉方正之舉本
朝廷之特典有無多寡非有恆例宜若可以得人而何以

所舉者率多鄙詭險汚偭名實而不顧求如君者葢千百不得一焉下喪其眞而上受其弊此論世者所爲太息而不已也以君之所爲於周官六行無不備而彼之所謂恤者不過振憂貧者耳葢其時溝洫澮川之制畫然一定所以固隄防而時蓄泄者上之人無不以爲先務自遂人而下官盡其力無待於民亦以事之難者不敢以期之人而賢能之所書不過振恤而已也然則如君者使得生於其時其設施又何可量哉君以援例候選訓導加光祿寺典簿銜生於某年月日卒於某年月日年七十君之規畫塘

事編修俞君樾爲墓志言之已詳故述其大要其他義行
亦弗之及著有塘工紀略四卷敬睦堂條規一卷
李慈銘曰事非知之難行之難士大夫平居議論視天下事
無不可爲及當之鮮有不撓者歲乙丑越中大水西江塘
大決余時里居郡守高君强之治塘余始視地形籌土石
薪木之費以爲事可立辦既而吏之老而悍者掣其權民
之獷者梗其議冒利者競進嫉忌者力構衆口囂騰危欲
敗而僅免始歎任事之才不易而鄉里爲尤難也比十餘
年浙吏大治仁和海甯兩境海塘歷巡撫已四政縻帑金

至七百餘萬而事猶不集海甯尖山之塘浙西稱最險與
上虞之江海塘比者也官吏道謀未知所措安得起君而
詢之哉

上虞縣志校續卷四十九

上虞縣志校續卷五十

文徵外編四

歷山

南北朝　江淹

愁生白露日思起秋風年落葉下楚水别鵲噪吳田嶂氣陰不極日色虧半天酒至情蕭瑟憑高還惘然

上虞鄉亭觀潮

劉孝綽

昔余筮賓始衣冠仕洛陽無貲祇有任一命忝爲郎再踐神仙側三入崇賢旁東朝禮髦俊虛薄厠賢良遊談侍名理擢管創文章引籍陪下膳横經參上庠誰謂服事淺契

濶變炎涼一朝謬爲吏結綬去承光烹鮮徒可習治民終末長化雞仰季智馴雉推仲康此城隣夏穴橚矗茂筠篁孝碑黃絹語神濤白鷺翔遨遊佳可望釋事上川梁秋江湅雨絕反景照移塘纖羅殊末動駭水忽如湯乍出連山合時如高蓋張漂沙黃沫聚礐石素波揚榜人不敢唱舟子詎能航離家復臨水眷然思故鄉中來不可絕弃弃苦人腸泝洄若無阻謝病反清漳

送上虞丞　　唐　權德輿

越郡佳山水菁江接上虞計程航一葦試吏佐雙鳧雲壑

竊仙籍風謡驗地圖因尋黃絹字爲我弔曹盱

蘭芎山懷葛元舊居　　盧綸

城闕望烟霞常悲仙路賒瑩知樵子徑得到葛仙家

題曹娥廟　　趙嘏

青娥埋沒此江濱江樹颸颸慘暮雲文字在碑碑已墮波濤辜負色絲文

寄題上虞蘇簿凝虛館　　宋　石延年

越基擅巖壑虛館宅其尤丹甍熠孤飛靈景遜四週山高晴若陰洞寒夏如秋幄檻庭花發玉環渠水流閒卧眞吏

隱年登迺仙遊居之宜民思無爲茲宇羞

和李參政泰發送行韻　胡銓

落網端從一念差崖州前定復何嗟萬山行盡逢黎母雙井渾疑到若耶山鬼可人嘗入夢相君談易更名家此行所得誠多矣更欲從公北泛槎　元註李參政詩云夢裏分明見黎母生前定合到朱崖蓋予嘗在新州夢一媪立牀前曰吾黎母也黎姑山在瓊崖儋萬之間子瞻所謂四海環一島是也先是秦檜大書三人姓名于其家格天閣下曰趙鼎李光胡銓所必欲殺者也鼎謫瓊州紹興十七年丁卯卒光字泰發上虞人時謫儋州澹菴朱崖之行經過儋州故泰發以詩送之澹菴夙有黎母之夢付諸前定如謫新州時亦謂前定福唐幕中分扇得一畫騎驢人西南行者後新州之命亦若暗合夫不以遷謫介意而付之於分非達人不能也

聞李泰發參政得旨自便將歸以詩迓之　曾幾

苦遭前政墮危機二十餘年詠式微天上謫仙皆欲殺海濱大老竟來歸故園松菊猶存否舊日人民果是非最小郎君今弱冠別時聞道不勝衣按瀛奎律髓註秦檜謫趙鼎李參政光胡編修銓于海外必欲殺之趙先殁李胡皆生還又最小郎君原註謂孫壻文授今附載于此

挽李泰發參政三首　曾幾

公昔遭前政忠精不少衰立談廷爭地上疏里居時意氣南山在名聲北斗垂心知不忘者送往得無悲

漢室推元禮唐家得衞公龍門傾後輩鯨海伏孤忠守護

多神物旋歸一老翁如何九江路萬事併成空

道義曾無間因依遂有連旋聞新雨露亟返舊林泉父老門庭下兒孫几杖前不令成此段泣涕問蒼天

題謝安石東山圖　朱熹

家山花柳春侍女髻鬟綠出處亦何心晴雲在空谷

答潘端叔見寄　孫應時

髮白念少年萬事風雨過倦遊得來歸一切付懶惰獨抱杞天憂徬徨意無奈濠魚定何樂幕燕詎敢賀歎君陽春詞激我巴里和古來奇特事信是英雄作東山有晩遇西

山有終餓拭目須君早著鞭乞與高人北窗卧

挽潘德鄘左司六首　　孫應時

家聲高內史國望懍冰翁生長聖門學周旋前輩風人才須用舊士論雅期公不見朝宣室秋山閟一宮

綜理何精密胸中故坦然愛民眞爲國事世不欺天霜氣星臺表春風竹馬前湘江盡南海遺蹟尙千年

愛士風流古繙書氣味長詩家入陶謝書法到顏楊竹石故無恙人琴今則亡二龍天下秀一一看增光

結髮欽前輩風流日渺然從今吾鄰邑不見此癯仙攬轡

范清詔分符黃潁川江湖終白首那得盡公賢
湖海歸來近山林興故長勇辭黃閣掾卻上白雲鄉縹緲
書樓壯淒涼筆塚荒家聲傳二妙公死未應亡
憶侍吾兄側初瞻父友尊爾來親燕几長復痛鴒原山立
儀刑重春回笑語溫古今真共盡淚下欲何言

送李文授知括州　孫應時

中興尚有名臣子江表能餘正始音擬贊經綸須老手更
分符竹此何心麒麟閣上風雲舊煙雨樓前山水深世事
由來偶然耳公餘端不廢清吟

挽李中甫使君六首　　孫應時

赫赫中興佐英風想大門得交人物懿喜見典型存拱立
嚴諸父躬行表後昆世家今萬石一代合推尊

圭玉身無玷春風物自熙學非隨俗尚心故有天知里社
成鄒魯交游不惠夷思君兼衆美凋落使人悲

發軔期行志鳴琴最得民淵魚何用察桑雉本來馴可歎
雙旌暮猶歌五袴新誰爲良吏傳吾欲表斯文

書卷平生事篝燈靜夜分韶鈞奏韓柳黼黻補卿雲不鄙
頻揮麈曾窺一運斤詞人嗟不遇地下早修文

少日論心密中年會面難相逢愈青眼太息各蒼顏離合
窮通裏悲歡夢寐間家園歲寒約秋草泣空山
憶奉先人窆深勤長者車哀辭推傑作虞主爲佳書今日
君仙去秋陰我病餘莫愁三四重緘淚灑幽墟

登東山　陸游

老慣人間歲月催强扶衰病上崔嵬生爲柱國細事耳死
畫雲臺何有哉孰計提軍出清海未如喚客到金罍明朝
日出春風動更看青天萬里開

泊上虞縣　陸游

鄞江久不到乘興偶東游漲水崩沙岸歸雲抱縣樓吟餘聲混混梳罷髮颼颼喜見時平象新絲入市稠

上虞逆旅見舊題歲月感懷　陸游

舴艋爲家東復西今朝破曉下前溪青山缺處日初上孤店開時鶯亂啼倦枕不成千里夢壞墻閒覓十年題漆園傲吏猶非達物我區區豈足齊

送滈丞上虞　樓鑰

我老不復仕行將挂衣冠兩子俱貳令官職恰一般剡川且書考上虞亦之官人言易捧檄歸奉重親歡我意正不

爾期汝政可觀食焉怠其事古訓借捨鏝汝職去民親簿
書當細看一邑無不問正爾良獨難江海市三垂長堤捍
驚湍埭高幾如山潮至不留殘宣和有遺迹能使潮浸灘
陂湖謹蓄洩可以救旱乾長溝濟漕運浚治令通寬此皆
丞所職勿憚心力殫江頭有東山永懷謝家安邑有李與
豐況復居二潘尚友更從游問學加研鑽平時固知汝廉
謹無欺謾涉世終未深戒汝能無言故鄉去帝鄉舟馭多
往還失已固不可待人亦多端罔求違道譽善遣非意干
窮達自有時此理眞如丹聚散不足較豈得長團欒閒靜

我所便汝其自加餐有時或乘興往來二子閒蹈雨送汝行浮家當游般走筆如家書誰能苦雕剜

送杓孫隨侍上虞　樓　錀

阿斗生來十五年未曾一日去翁前聞詩勿廢家庭問習吏仍求城旦篇婚宦有涯真是幸巾箱所蓄要相傳榮罍雖小性非魯口授詩書加愛憐

過上虞懷謝驛喜雨　樓　錀

夢回簷溜作驚湍淨洗炎歊百慮寬咫尺東山見膏澤令人更憶謝家安

李文授和所贈老融詩復次韻爲謝　　　樓鑰

鄰侯插架書最多，筆力雄奇天所命。萬人海中深閉門，理窟搜尋到幽夐。我詩無律如山謳，形穢豈堪珠玉映。時時歸夢入故山，曳杖松間記投暝。因君佳句撩秋思，便欲歸尋舊三徑。兼旬足痺不良行，況復炎蒸如釜甑。夜來一雨洗河漢，簷溜涓涓清入聽。晨興剝啄誰叩門，乃有同聲喜相應。讀之恍若濯清風，自覺昏眸怯明鏡。伊余何幸點班行，結交往往多名勝。夫君平處顧清新，解道澄江如練淨。從今我乃得四友，不特官梅動詩興。推枕裁詩謝高致，扶

憊搖毫心靡定舊聞讀檄愈頭風今賴長篇起衰病

放鶴送潘恭叔司理　樓鑰

沖霄六翮困蓬蒿清唳時時發九臯鶴立固應能獨出雞羣未免歎徒勞相投顧我憐冰玉欲去知君刷羽毛幸脫樊籠隨所適平平飛去不須高

再送潘恭叔　樓鑰

我似冥鴻弋猶慕君如放鶴去還歸秋空今日眞成去好伴閒雲自在飛

泊上虞驛來日行　陳造

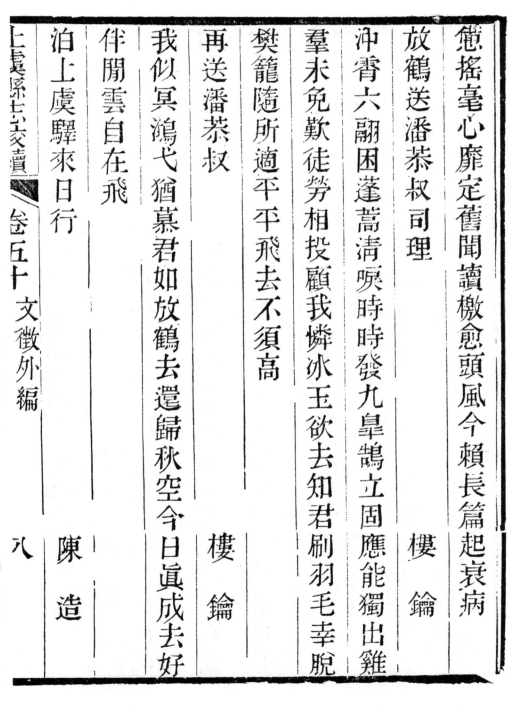

梁湖莽蒼外後去未云遲縣市容吾戀江湖不汝期

月夜下通明堰　元　柳貫

挽舟下通明初霄落潮後兩挺纔負軛十夫齊奮肘引重如舉虛欻過姚江口細水不生鱗月色金光走蟹窟在蘆根西風吹澤藪開篷挹微涼衆黔子白首欲持浩浩歌往和嗚嗚缶隔雲呼長星勸汝一杯酒

虞邱孝子詞并引　楊維禎

顧亮會稽上虞人也父珪倡義兵拒海寇與鹵邵仇至正戊戌冬邁里古思引兵東渡珪爲鹵所害亮時年十

五每有推刃報仇之志而未獲遂也閱去十餘年過余道其事揮涕哽噎髮盡豎予悲其志爲作虞邱孝子詞以繼古樂府云

虞邱孝子父仇未雪長劍挂頤蒯草在舌夜誦獨漉篇涕泗盡成血嗚呼頭上天戴昏曉千金去買零陵之匕刀虞邱孝子心始了

客上虞奉寄竹深賢契　陳廷言

象田舜井巽吾閩小縣人家兩岸分尙想有虞遺德化至今黎庶重耕耘丹光夜燭金罍月水氣春生玉帶雲郤怪

此時多外警江頭戍柝動成羣

丁酉二月二日訪魏仲仁仲遠仲剛賢昆季別後賦詩

明 高明

隱君家在越江邊烟雨江村繞舜田玉樹郎君宜綵服紫荆兄弟正青年山雲曉暗讀書屋湖水春明載酒船何日重來伏龍下參同契裏問神仙

子素先生客夏蓋湖上欲往見而未能因賦詩用柬仲遠徵君

高明

夏蓋山前湖水平楊梅欲熟雨冥冥吳門亂後逢梅福遼

海來時識管寧野霧連村迷豹隱江風吹浪送魚腥伯陽舊有參同契好共雲孫講易經

次竹深隱君入邑感懷　陳　敬

世上交游能百歲笑談那得盡頻傾雜耕原野仍無恙將老菟裘或可營城市近添沽酒肆人家況有讀書聲買舟好向籬邊繫門外湖波與海平

奉東仲遠隱君　于德文

先生高尚住山林已遂初年隱者心藥徑有花時酌酒竹窗無月不彈琴文章西漢全宗古人物中州又見今秋滿

南朝小亭榭扁舟還許一相尋

乙巳春三月八日和仲遠近作二首　錄一　鄭　彝

雲林深處地仙居閒伴老樵尋老漁吟屐倦行呼釣艇酒壺倒挂在柴車亂離時世全高潔澹樸山川似古初江上春晴來訪舊桃花簇簇雨疏疏

春日有懷仲遠徵士賦詩二首　毛　翰

抱病惜芳景衡門掩春風乾鵲似相語飛飛鳴屋東唼唼不少休起我步庭中鵲去故人至手持書一封問答未及竟遠道情已通開緘感鵲意含笑歸房櫳

鏡湖不可去還憶夏蓋湖其源翳林麓其隰散荷蒲扁舟四五客美酒一百壺狎弄魚鳥閒籧蕩雲水區放情恣潮汭忘彼形勢途晚尋烟中塢猶足憩斯須幽花列妓女明月侑盤盂長嘯來天風濯足亂江鳧庶幾永終日聊樂以爲娱

七月二十日翰林東署有懷竹深高隱兼柬上虞諸故人

唐 肅

退朝坐東館新涼曙雨餘禁溝聞躍鯉掖柳見翔鳥抽毫演綸命紀史宣皇謨器覽周天府書尋漢石渠君恩固深

被舊隱復情紆越里迣遥巘曹江限大豬昔從諸友樂今成千里疏無由聆晤語聊復詠踟躕所慙非尺璧持此託雙魚

娥江　方孝孺

娥以孝爲本江因娥得名至今潮漲落猶帶哭爺聲

答陸克深次韻（克深名淵之）　李東陽

浮雲如雪亂春晴卻怪行時路未平杜老霧中眞潦倒韓家花裏較分明星奴不逐窮詩思風伯空勞訟雨情忽有淸詩慰愁寂疏燈細字與誰評

輓潘南山　王守仁

聖學宮牆亦久荒如公精力可升堂若爲千古經綸手只作終年著述忙末俗澆漓風益下生平辛苦意難忘西風一夜山陽笛吹盡南岡落木霜

罷上虞丞歸　濮陽傳

便挂微冠去去休梅花一路伴歸舟旁人且問官中事但答今無夢裏愁

過通明壩　楊珂

四明山盡到通明春水隨潮浪不生隱隱雷聲驚昨夜卻

疑身向禹門行

送趙某丞瓊山偕乃弟贛川興國史並往之任

徐渭

三千里外梅花嶺，十八灘邊雁序心。一葉烟中親渡海，雙鳧堂上伴彈琴。官廉合浦珠仍返，鵬在南溟縣正臨。原注：孟嘗還珠亦上虞人，海公名瑞者正其治也。匹馬儘堪長問政，雙松應塹轂高吟。

送鄭肖龍北試 肖龍名一麟

徐渭

海國釣鼇客，春城飛燕時。雙花搖馬上，一日徧京師。明月連城璧，重瞳聖主知。昌圖頗清瘦，不怕賜驢騎。

倪文貞公哀辭

國朝　侯方域

上虞倪司徒廓清起東浙弱冠事墳典探討窮禹穴長嘯兩京巔魏晉皆邱垤賦生大王風歌入郢客雪屬當啟禎間國華颼以子公乃擷雄藻海內才人悅小子早汩沒獻瞻朶縝葑菲留勿遺許在絳帷列入室進所製吐哺手自閱款曲命我坐不惜殷勤說幸從上虞遊上虞有大節權璫昔障天熏廟照臨輟乾兒與義孫羣笑左楊拙天下重朱炎太白黯然涅慷慨西江闈發策願一折文章砥迴瀾昏夜忽昭晣一策一千字光芒淚與血藏之三年餘精

感帝座徹更陳要典書聖世當焚爇春秋明是非忍使三綱絕夷跖混一堂奈何無差別星星且燎原死灰非易滅果有呂純如嘗附黨燄熱赫赫張少宰援手長其蘖公生鳳凰池乃復指屈軼叩閽十疏爭奸相心憂燬授意鷹犬羣亦倚七貴孽讒詔蔽聖明中旨賜公玦自公出國門皇圖日兀隉調羹不得人坐使金甌缺手淬昆吾鋒滅賊乞蘊結主辱已當死況逢十歷竭志在殉社稷君臣同一轍靖獻皇祖前萬古須臾決永謝江左賢中興無泄泄迄今天地間誰弔荒祠碣

金罍觀謁魏伯陽先生像　黃宗羲

康節先生學雲牙字伯陽，實啟途郎今攀故宅還似玩河圖

金罍觀四面世遠丹泉竭兵餘老木枯淒涼遺像設寄位山五行奠位在東隅

觀虞邑賽神　黃宗羲

十月農功畢迎神舉國狂吹簫邀鳳女鳳鳴真人乘馬看桑王

桑王水神乘馬而迎野祭當街設優歌徹夜長不將城郭視只道是豐穰

輓倪文正公　杜肇勳

不能留社稷何敢惜吾身地碧千秋血天成一代人乾坤終大運日月捧孤臣舉世方行素先生獨取仁

懷舊偶成　王士正

吾家有方平雅志託林壑拂衣早歸耕貂裘行采藥卜築沃川墅垂釣上虞郭邈矣孔阮儔遐哉箕潁樂瑯琊多龍鸞羨此雲中鶴

曹娥廟觀渡二首　朱彝尊

問渡要津吏沿流信楫師江空鳴社鼓風細颭靈旗遂入曹娥廟同觀漢代碑浮江千載恨猶有弄潮兒

小小耶溪女潛來事禱祈罷歌河女坐不上越航歸晉書夏統傳曹娥沉後國人哀其孝爲歌河女之章斜日明金闕涼風到錦幃還持白團扇搖動五銖衣

送錢六霍上曾同游白下　朱彝尊

高詠方從月下聞佳書猶未換鵝羣一朝竝馬金陵去閒殺羊欣白練裙

東山卷柏　全祖望

山居誇卷柏萬代長不死出之憔悴中一勺郎色喜阿儂亦枯楊一綫餘生理何時吹葭琯爲振餘生起

題李三山主政養眞軒　劉正誼

叢桂森森一畝園擘窠字署養眞軒濬池種石雲光冷藝樹裝欄花影繁身是函關百二尹三山前宰秦中家傳道德五千言湘簾拚處藏丹竈守箇仙姬櫻口樊梓澤蘭亭歎久荒平泉重得覩新莊情貪邛壑眞堪羨癖是烟霞最不妨竹逬輕雷穿隔圃花飛晴雪過鄰牆我來長破梨雲甕挂節松枝送夕陽

憶青未了閣寄徐平原東　劉正誼

青未了閣盈眸青文窻繡箔臨烟汀曉山一點含薄翠花

塍十畝吹幽馨小橋曲沼紅闌繞朱絲繩密搖花鈴我昔
相逼不數武時時握麈吟芳庭班家才女謂昭華思綺麗珠
裙玉佩聞琮玎碧紗障每成詩句仙曲亦許人間聽於今
澗隔偶駐屐安能似昔終年停欲請主人給短鍤不辭勞
苦爲畦丁

過傳是齋憶徐徵君咸清　　劉正誼

哲人一逝十年餘花影離離豔草廬紫殿衡才人薦鶚青
山葬骨客鳴驢風流邈矣徒懷昔手澤依然欲慟余所幸
身亡如不死有兒善讀父遺書

憶昔時披董子帷校書論史輒相隨三年筆授中郎秘先生授余漢魏書法十載琴含大令悲蕉葉捲風聲颼颼柳絲綰月影垂垂齋間景物箱閒句盡是先生墮淚碑

贈倪恆園案恆園名會宣文貞公子會鼎弟也　盛唐

四壁圖書擁百城天官占候術尤精耒隨太史陳休咎且共山農較雨晴抱膝隆中梁父詠觀星臺上少微明朝廷若與咨疇範寒燠均調世太平

上虞訪周叔茂不遇　趙殿成

泊舟驛亭渡沿徑入溪灣流水數家遶柴門一帶闃無人

迎野客有犬吠深山徙倚日云暮高低飛白鷗

謁倪文正公祠　李式玉

國破身難惜時危事已非君臣同患難朝野有光輝月落一燈暗風生匹馬歸城西才藁葬行路各沾衣今辛亥冬始營葬事

陳彝白先生出示秋林指墨賦贈　金維丙

彝白先生真健者以神爲車尻爲馬胸中五岳盤輪囷放筆時時快吟寫龍山蒼竹圍成村日與烟霞相吐吞清泉白石互明瑟高八奇士爭攀論輿酣解衣忘主客鳳咮龍賓忽狠籍鵝溪一掃千尺强能事居然受促迫我來展視

秋林圖寒嵐慘淡烟模糊數峰清峭霜葉赤爽氣霏霏生座隅昔年曾走西江道三十六灣秋色好夾隄楓桕照人明風光頓換容顏老彈指音塵廿載餘摩挲此幅共嗟吁多君腕下通神筆作我腰間記事珠人生佳景誰能捨入眼何須辨眞假高懸不厭百回看彝白先生眞健者

經蘭風山下即王方平釣處　吳煸文

江迴山路斜日映楓林赤藐藐釣魚磯臨流標爛石垂竿事已遙淸風餘舊跡苟無伊呂功輕出終何益哂彼賭墅人偏安折戸屐遐睇懷之子悠然如可即獨詠寄蒼茫孤

鴻隱寒碧

七寶林弔倪鴻寶先生　孟　騤

元禮龍門正里居浙臣特起議軍儲嚴嚴擊賊司農笏烈烈誅奸太史書樽酒孤臣酬壯繆哭庭大義付包胥文山不得黃冠老愁向星壇聽步虛

海塘歌　案爲太守俞卿作　孟　騤

纂颾東蘭颾西始盇鄉窪且低白馬上妃連夏蓋東湖捍海一綫隄隄延百里飲川霓浪沸牛涔土穿蟻穴海鷗啾啾啼吻咳血怒濤齧隄隄敗闕天吳徙宅民舍傾婦子入

山餐薇蕨頊傳唇齒邦平土蕩爲海民曰吾其魚高高泣
眞宰溺由已溺旰食勤赤手障川福星在巨靈擘祖龍鞭
南山徙北海塡不研淇園之竹不靡水衡之錢神工鬼斧
萬杵連六州鑄鐵無其堅鵲子村蓮花蕩易塗泥換金湯
去年室無竈今來隄上黃童白叟歲歲年年羅酒漿去年
田無禾今來隄下紫蟹烏賊朝朝暮暮堆筥筐沿塘萬株
柳他日甘棠思誰家小兒女不頌大宗師夏蓋石鼓千年
啞長隄蜿蜒亘其下從此砥黃牛不煩祀白馬越人操土
風卽事諒非假太史采之入風雅千秋不數湯與馬

自蘭芎山至葛仙洞　劉傳錦

欲雨不雨雲出溪上山下山風吹衣藏廜巖竹一叢濕送

客野桃千片飛硐戶陰森有龍蟄烟堂窈窕無人歸仙靈

難遇春將逝看月回舟未覺非

蘭芎山　胡浚

驛西沽酒去渺渺布帆開鳥墮江雲動潮鳴山雨來釣磯

餘古木丹井認荒苔予亦高情者翱鷗莫浪猜

海塘歌案爲太守俞卿作　胡浚

東有象田西雁步鐵虹雙枕銀車路貝宮月直天吳來不

到芙蓉最深處始從漢宋歷元明夾塘內外堅如城上妃
鏡潔夏蓋紫兩湖不妨畜與耕比年泥淤三門塞神鰍郤
恨滄溟窄翻身一笑蹋元黃馬績湯功留不得井泥竈沒
飛鴻哀使君五馬從西來經營方略詳且密萬夫畚築聲
如雷古隄土礫易反覆別命鬼工築寒谷蒼茫媧石裂青
天移作蘆灰補坤軸是時颶汛尤洶雄木樁竹絡無奇功
鮫妃怒嫌春睡攪燃金莫徙珠穴空使君酌水酬靈軫上
致皇綸下民隱旋看沙漲惡風迴始信精誠格蟂蜃陡塘
陂陁制各殊功成百里皆懽呼雪鼉影隔黃盤礁練馬聲

低赤岸湖轉眼横流成樂國海東歲歲餐明德蓬萊一臂
桑田沙豆枝紅兮稻花白
蘭風山訪宋隱士王方平垂釣處　　商　盤
勝地殷勤不厭探瑯琊隱跡隔烟嵐寒光一色鳥衝破八
尺珊瑚沈古潭
屢爲名山入剡中半醒半醉泊孤蓬垂綸姓氏無人問長
使溪山占戴公
書倪文正竹石畫卷後　　蔣士銓
君子立身同竹石每與風霜爭氣力猗猗獨挺寒瘦姿磊

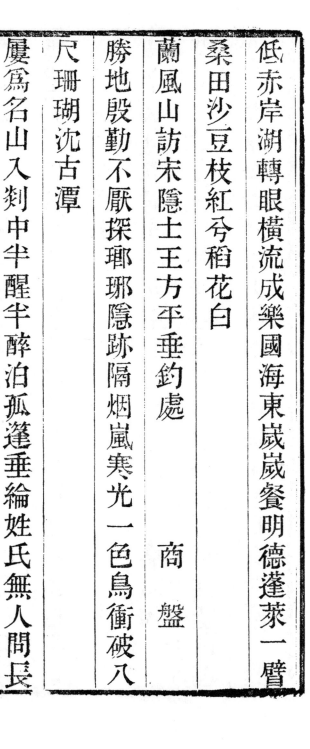

磊常矜嚴冷色倪公貞介立朝石石骨錚稜竹竿直心憂大蠹踞鈞衡目瞬此璫如鬼蜮彤廷未燬三朝典講幄空陳十六策竹頭不屈石難轉司農之笏豈勝擊偶然縱筆寫横卷勁氣稜稜穿楮墨廣平鐵石貫梅花坡老槎牙浮雪壁忠臣風骨義士節隨處淋漓收不得思公遺像那可見展卷似瞻公坐立

驛亭堰舟次謁餘山先生　桑調元

拔堰衝寒渡驛亭扁舟得仰古儀型春初海月當空白雪後湖天分外青徽國千秋論統系姚江今日肅門庭側聞

十五男兒志傍舍從容願執經

驛亭懷舊　桑調元

堰頭流水浩茫茫寒夜同舟故跡荒一老山頹滄海曲諸生雷慟白茅堂布衣講席參新建竹簡遺書續紫陽東下逶迤長壩路青天明月黯神傷

舟夜望夏蓋山　桑調元

夏蓋山連夏蓋湖遥看萬仞插虚無雲來神鬼從空下月出魚龍破浪趨漲海荒寒留此土扁舟狂醉屬吾徒依稀夜渡經揚子烟擁焦山一點孤

驛亭堰懷舊　桑調元

幾年逢掖滯京門此夕烏篷下水村隴上秋風吹宿草堰頭人語鬧黃昏湖波湔洗塵埃色江月流連涕淚痕莫怪哀歌扣舷起差池心事不堪論

渡百官江　桑調元

沙路兼乾溼牛蹏雜後先雲烘千嶺樹舟漾半江烟茗椀清瞳注茅亭倦足便年光捲飛瀑催老石崖前

雨望夏蓋湖　桑調元

湖面晝濛濛雨脚挂天半墨蒸夏蓋雲散作白汗漫崩泿

跋神魚荒陂聽饑鶴芳草渚田生界水平如案圍空漲春嵐入海青不斷屏翳繪此圖推篷納奇觀孤舟道風吹篙力破湍悍松巖趨驛亭烟中人語亂

渡百官江易小舟　桑調元

依依故鄉路一葦亂舜江江面非濶遠風湍激奔瀧行客競利涉沙岸相舂撞臨江虞帝祠神鼓秋逢逢敝屣帝天下陋彼巫言哤髣髴白雲陰三妃裊靈幢小憩重華亭水石聞寒淙斜陽澹流影魚鰈無蓬窗夕風起潮激飛過白鷺雙

渡百官江　桑調元

獵獵回風亂落霞百官江上布帆斜寒雲半鎖巖腰樹濁浪平淘岸脚沙雨雪連朝迷客渡塗泥一尺困牛車莫嗟行路難如此好就津頭賣酒家

上虞道中　阮元

曹娥江外驛籤長百曲清溪繞石梁夏氣出山雲莽莽晴烟歸壑水浪浪風前高樹吟蟬早橋外平田吠蛤涼卻羨老農芸稻畢一般閒意立斜陽

上虞縣　阮元

曲水平穿岸長林綠壓垣石橋多似路山縣小於園白舫依官渡紅梯倚戍墩劇憐溪谷裏考績尚稱繁

渡曹娥江　阮元

雨歇雲意嬾霽色動孤岫曉渡餘薄寒初陽出春晝重山既清深衆松亦喬秀叢祠扃幽闥破碣不可讀登舟幽抱愜澂江淨無滔縆懷東山人濤望著華胄委懷山水間風鶴已奔走孤情每自挨所蓄諒非厚行矣及中田良苗正華茂

過謝氏東山　阮元

雲水東山春放船謝公褱屐憶當年蒼生寄託傷温浩青史功名冠石元捫蝨有人知嘆鶴圍棋無暇笑投鞭始寍殘墅今何處惟聽風泉似管弦

復過梁湖　焦循

面面層巒生遠烟梁湖春色更逾前沿溪樟樹葉俱落放徧一山紅杜鵑

古墓瘦藤懸老柏石橋流水徹殘沙農夫閒立牯牛卧紅雪滿田開澱花

題何蘭谷仙槎漁隱圖　吳鼒

幽尙不可遂人事苦束縛往往對丹靑便思置邛壑同志
得幾人耦耕昔空諾君家近東海時見仙槎泊斗牛不易
到浮家跡可託先人有草堂臨水數間作似我遺世意遠
遊極寥廓忽忽歎形役匆匆別猿鶴春雨走長安冬心繫
林薄畫師寫退心山川慰牢落漁隱事不同適我解何索
君負匡時才宜後天下樂我拙當速歸且幸進退綽

前題　　　　　　　　　　　　　　　　朱爲弼

我聞尙父廣張釣風雲乃叶龍螭占又聞羊裘釣澤瀨客
星帝座騰光炎丈夫出處應時會豈甘蠖屈安豹潛魚星

有燿舫鱮熟綸竿所得輸酒帘西塞山頭元眞子綠蓑青箬霅廉纖更有笠澤載茶具夜夜蕩槳看銀蟾世人進退苦局促每於廣厦懷茆檐歸田强著芰荷服中宵霣涕思朝衫此輩鄙夫吾早鄙宣尼所斥應夷芰君家山莊始盛墅謝公屐齒苔曾黏白雲綠水尚相褰仙都碧洞淩丹巖鑑湖一曲賀監宅寶書萬卷鄴侯籤菰蒲蔆芡足租稅施宮不賴舟鮫監官閣梅舒壁箋詠疏籬菊綻搴帷覘穜秫一區杜康妒栽蘆百頃窮士饞何爲去此走日下東中間郤青蒲颿只因赤緊需製錦惠文冠佇加冰銜夔龍滿朝

君亦儁蒼生黍雨期無慙他時報最朝玉陛依然清白起
雞廉相期遂初返梓里樵兄漁弟同辛甘三山天外風引
去釣鼇行住蓬萊巔

題王石友秋江鼓棹圖　李方湛

晚山漠漠水迢迢中有詩人放畫橈絕似西湖南畔路夕
陽紅樹第三橋

今年曾訪天香閣門對青山樹倚樓想見硬黃初拓罷烏
蓬小艇獨尋秋

題袁孝子翊元孝子以救母死於火　李方湛

入火出火不知火火如焚母盜焚我風聲火聲人哭聲中有病母呼兒聲是時烟黑燄愈烈三入尋聲負母出頭焦額爛痛入心嗚呼母死痛更深嗚呼母死兒亦死至行何不上 天子

題車梅隱詩鈔　嚴以幹

古虞文獻久心儀學富如君太數奇萬里關河雙袖淚六朝金粉一囊詩蘭成詞賦傷搖落越石悲歌際亂離識字從來憂患始才人慣不合時宜

鳳鳴山觀瀑　褚維垕

白日忽風雨洞中別有天兩山空一隙百道落飛泉怒起喧如鼓抛空散作烟桃源何處覓到此亦神仙

約友人游蘿巖失道至五癸山尋泉四首錄二　褚維垕

崎嶇山徑足蹣跚阻我前行水一灣信步行來果何處峰迴路轉五婆山

久聞此處好山泉爲訪山人竹裏煎靜掩柴扉敲不應日高猶擁白雲眠

虹橋訪王丈雲逵四首錄一　褚維垕

山迴峰抱裏重重天產畸人在此中村舍環溪齊放鴨石

橋摩壁舊題虹（虹橋二字爲達溪山人摩崖）林泉地僻神仙境談論風生饗鑠翁底事簪纓傳世世水流西向不流東（溪水西流十餘里）

曉起望虞城南山積雪　褚維垣

山城暮寒增客衾擁如鐵旭日挂曈曈曉起心怡悅開門見南山峰峰堆玉屑始知昨夜寒山高一天雪危巘插空起屏風千丈列下臨絕壑深飛瀑落巖穴玉樹粲琪花掩映相皎潔晴空漏雲影金鍼忽明滅日光混雪光一色不可別螺鬟杳難見琉璃浸澄澈我昔閒山巔茅屋幽人結安道此卜鄰剡溪訪曲折遥望白漫漫招隱歌一闋濁酒

試□□□□□□□

短歌寄魏仲遠　　方外　元　釋宗泐

夏蓋湖吞上虞浦魏君家在湖邊住岸花汀草幾春秋白鳥滄波自朝暮知君愛客仍好奇畫船載酒如渼陂櫂歌中流日將夕璧月湧出青玻璃嗟哉隱君端有道世上無如閒處好王充遺蹟尙可尋賀老風流亘不少去年聽詔來京國識君臉紅頭半白别懷空與水東流海燕江鴻斷消息今朝聞有東州船有書欲寄心茫然福源精舍地最偏安得與君湖上相周旋

剡溪舟中謝太傅東山舊隱　國朝 釋正嵓

晉人名理宗莊老剡縣風流說謝支雖爲神州鍾紫氣令人卻憶馬駒兒

東山晚眺　釋智愼

曳杖窮高遠開襟物外時徑荒蕭帝寺門掩謝公碑樹色翻煙浪潮聲捲釣絲始盛池上月淸露滴松枝

上虞縣志校續卷五十　文徵外編四

上虞縣志校續卷末

舊序一

張叔温 至正戊子

自書載禹貢禮紀職方史志地理而後寰宇有記輿地有圖凡土地所生風氣所宜莫不采錄蓋欲後之人因是而有所考焉耳上虞爲東越望邑由帝舜封支庶得名至正戊子余來引正茲邑問之故老皆曰是邑志書素無善本非鈌典歟於是登進邑人張德潤使裒集之厥既成帙取而閱之則其書文而不俚核而有證古今事蹟搜抉無遺方古之作者殆庶幾焉復委學官余公克讓肅耆儒余元

老校正闔邑官吏士庶僧道相與贊助命工繡梓以永其
傳是歲八月既望

二　林希元

古者郡有志書縣道附見焉無專書今縣各有書好事者
居是邦恥一不知稽考之多纂記之勤自成篇帙亦其宜
也必其言文其事核足以傳遠以俟爲郡志者擇焉上之
國史乃無愧余備員翰苑時獲覩華夷大一統志不能徧
觀而盡識也出宰上虞見前志略而未備後志紊而無序
於是爲之筆削咨之文獻采之民間正其訛缺文其俚俗

不踰年而書成詳而不失之繁簡而不遺其要雖然郡志以星分爲主縣邑以山川爲主區域既明則凡風俗土田戸口皆可類稽而臚分矣故爲書非難然必其言文其事核去取增損有史氏纂記之風斯爲難耳書既成謁於衆曰此可傳遠而無愧乎衆皆曰可余爲敘其首簡

三

郭南 正統辛酉

上虞山川勝概與會稽埒自舜封禹治以來靈蹤秘跡殆亦不尟然其清淑之氣鍾而爲人物者忠孝節義今昔相仍賢達顯藏鄉邑間作況俗尚淳古素親耕讀猶有舜禹

之遺風實爲越東望邑也古無書志肇自皇元至正戊子
縣尹雲中張叔温命邑民張德潤裒集成帙委學掾三衢
余克讓蕭鄉儒余元老校正爲書甚不苟而或有未精者
也越幾年天台林希元由翰林出尹茲邑蒞政之餘因得
閱觀見其詳略未核類序無倫仍屬學掾句章陳子翬重
脩之子翬不輕取舍又稽諗文獻著成如干卷復鏤板行
遠其用心之勤亦不下於張余矣後五紀餘大明永樂戊
戌歲朝廷頒凡例命郡縣儒生採搜山川人物古今事跡
戸口田糧等目編纂以進誠我朝稽古右文之盛舉也邑

民袁鏵得預編纂之末遺稿其兄鉉於課童暇輒取徧觀略者詳之浮者核之缺者補之紊者正之傅會而不純者芟去之彙成十二卷仍圖山川疆域于首正統辛酉公暇以此稿就余校正因念元季入我朝邑之事實不登載于志書者將百年久故後學於古今人物勝境靈蹤未能盡知遂重加考訂用資刊刻傳遠庶來者知吾邑之概云

四

萬歷癸未　葛桷

粵自禹敷土奠川疆域貢賦物產靡不登載於是後世圖志萃因之越古揚州郡上虞其屬邑也元張侯叔温林侯

希元俱有志自永樂間郭志出遂盡毀無可攷見今郭氏志具在未免淺俗而又間徇己見是以輿論不能盡協矧今物有變遷事有沿革既不可同日語而邑之治行人物亦宜隨時紀錄志其可以弗脩也哉嘉靖初朱三峯先生衮嘗屬草而未及詳定萬歷初督府徐鳳竹公栻以修志事行署篆府二守樂公頌聘陳罍山公絳及不佞楠楠謂纂脩之難無出於志昔陳壽號善敘述著史有紀傳而不克作志重其事也況余疏毫無能爲役辭之弗克亦以罍山氏素博綜百家而平日尤加意於虞乘者第以患疾出

所訂證者十餘事付予時判岳州姪焜以給葬家居其學
識才行余所取信乃與之參互考訂綜之使會覈之使實
約之使當亦聊輯見聞以備遺亡耳茲朱侯維藩政通人
和稽古右文慨虞志之尚闕也亟圖其事屬余重裁定之
彙成其十二卷其人物論撰則自朱侯獨斷焉余謂上虞
秦漢及晉以來故稱名邑山水形勝不後於他邦是宜川
嶽効職造化委權所產人倫忠義盈朝節孝連閭非偶然
也迨我朝聖化漸摩神功默運則夫風俗之隆人才之盛
經制之備嘉瑞之集當必有盛於昔者可不隨時補輯以

錄所未備乎故自歷代輿圖不同是以志建置沿革自列徧度數有常是以志分野自山川異志民生異俗是以志形勝風俗自設險守國是以志城池自均土地任土法是以志貢賦自獻民數是以志戶口自命鄉論秀是以志學校選舉自彰善表宅是以志人物自堪輿家補沙水之不足是以志塔廟自五事得失有休咎是以志災祥自方外多技是以志仙釋自長民貴重治化攸宜是以志宦績其餘官師題名具列如右豈亦居宗國多微辭之意與余志在於述而恆歉於聞之不多僅能鈌疑傳信挂漏之罪其

庸詎乎補缺刪蕪以俟後之君子則史氏擇採自有神而明之者矣是役也朱侯其先得之余是以卽今日共成之意而漫序之云

五

朱敬循萬歷丙午

夫志猶史也志地理者自漢孟堅氏始而稗官小史亦復有風土之記方輿之考總之辨疆域覈典故徵信於將來者皆是吾越古稱荒服而虞爲舜封地自禹會諸侯迄秦漢晉宋以迨明興而人文彬彬盛矣江海環帶山川盤鬱推望邑焉余嘗經過其地求所謂太傅東山仙人壇讌與

夫歷山夏蓋百樓七十二湖者往往蔓草荒寒祇餘古色
而居者僅能識其名游者不能論其世稽之郡志通典則
已淆駁於郭南氏而燔其舊志二百年來所傳爲信史者
缺焉至今琴川徐侯博物君子也自樂清而徵賜於虞概
其厓略如課勵青衿庇新黌舍度山籍畝解繩易契其爲
子弟之誨田疇之殖有若國子之治鄭然朞年政成自堂
皇以及蔀屋不啻爽氣之相呼吸而氷壺之相映照也侯
詢興廢徵闕略深慨虞乘之非經而考信之無從所關風
教而係民生國計者非尠乃矢心新之其搜隱山林訪遺

故實不狥迹以逆心必考衷而求是而學博馬君相佐成焉攬侯之公移凡例而惓惓脩舉廢墜者知其用心獨苦嗟乎令之眎邑猶蘧廬也風土謠俗或不盡知即知之不及訾諸凡廢置因革誰爲載筆而手籍之而侯之是舉謹咨諏而嚴考核急農政而筴水利自勝國至今所未有之志而囊括包舉若斯之盡也一按籍而燦如指掌犂然當心即有匿志者安得更爲侵漁踵前轍哉天運地靈於斯爲盛敷土奠川之功侯無足遜矣是志當與禹貢職方並傳不朽也謹敘太常氏少卿山陰朱敬循撰

六

徐待聘 萬歷丙午

古者方輿志載或疏風俗或紀歲時耆舊先賢典刑斯在陽秋檮杌懲癉攸彰要以各標所重旒綴緒餘炳然成一家之言若桑酈著水經以水植幹而奇聞異蹟亦靡不條附焉斯可槩覩矣虞於浙爲望邑山水清淑人物秀衍嬀姒以降郁乎有聞維是襟江負海陂澗四集水之功用尤洽於邦邦之生齒含囁膏腴奚啻鉅萬輸庾奏帑以佐大官分毫皆灌注之力宜莫急於水利者余從樂成量移受事之初數延見父老問疾苦咸若志意壅閼生計槁竭將

無屯於膏而阻於澤水之用失歟爰討夏蓋上白阜李漳汀諸湖之故道暨玉帶諸溪之廢趾大都棘口若有所諱而志乘殘缺了不能悉爲檢薛氏通典及郡志則具言山會諸湖之利後以漲河葑泥反致爲害因知此即謝康樂請峌崲湖爲田之弊峌崲在虞境内已久湮而至今有盜湖者夫亦謝轍相尋乎廼按湖而爲之周覽陂渠高下之勢一視漢馬臻南北隄與石闥陰溝之法修築閘堰旱則蓄以沾溉澇則決而注之海不令湖額侵於豪右漫自瀦溢水之權遂爲我民操虞雖歲歲苦旱乎而歲獲大有良

以得水之用甚大謂七十二湖非虞利源不可也夫諸湖幾爲禾黍之場者以無徵無徵以無志況枚舉邑務則典故之因革俗尚之湻漓戶口錢穀之數山田盈縮之額關梁險易之由水陸物產之宜以致邱陵祠廟災祥變故之紛賾又無一非所當究心者奈何以巵言視志置弗講乎顧舊志正統初爲郭南氏所私纂是非舛錯大不理於口南又舉宋元志付之祖龍二百年來蓋扼腕信史之不復見也久矣萬歷丁丑余從祖鳳竹公栻撫淛始檄部中脩郡邑志於時前令朱公維藩屬葛陳兩先生秉筆又以彈

射者衆雖嘗具草竟未成書脫余復墨守失今不輯將文獻愈無徵闕略愈甚代起者愈無從考信輒不量膚僭不避勞怨毅然謀以新之敢徼天地之靈訪民間得永樂古志抄本并陳葛兩先生志草二志較郭頤有裁於是敦請學博當湖馬君明瑞虞徵士葛君曉車君任遠總其成又進文學范延爵等數輩分理焉凡漢晉迄勝國時事彊半參互二志而折衷之嘉隆之近者務采鄉評愜輿論而止固不敢以成心負手亦不敢以屈筆負人而編內最條析者則水利爲重縱無桑酈徵引詭博而要其指攜鑿鑿將

使湖利盡歸之民不爲樂康所請意固有獨至也籍成余竊有大懼焉紀事懼遺陳政懼疵稽古懼謬辨俗懼淆綜言懼不文臧否懼失眞昔司馬遷絕代奇才又登龍門探禹穴抐九疑浮沅湘歷天下之大觀而後作史記尙不免寸割之譏矧戔戔者耶幸諸君子編摩校讐悉無隱慮草創潤色競効衆長道法祖於聖經類例倣之列史蒐羅散失刋落蕪穢體嚴而事核詞約而義精雖不能追蹤作者附於不朽之業而彰往告來庶足傳信無窮也已或者訾以無當於用且二百年來鮮克舉者烏藉吳儂者哆口爲

嗟乎後之視今猶今之視昔且弗論披圖牒者尙友循良景行者碩班班可考彼姚邱舜井孟宅曹江有不爛焉指諸掌者乎而余實假之梯航則於虞之山川人物豈曰小補云乎哉

七

張三異康熙辛亥

古聖人治世之書大者稱典典者冊也几而尊焉下者或象物使民知神姦烏覩所謂稗官說文者乎而竹書誕太甲穆傳荒崑崙正史弗登故天官曰書地理曰志志從地也從地則親下親下則長民者事凡麗乎地與不麗乎地

皆得因地以綱維之忠孝可傳繪豳風七月之詩以進與圖王會者等今之志虞邑則何如哉夫虞聖風也虞之後不復有虞胡爲乎株林陳而巫矣吳季子觀樂至十五國多所予奪爲之歌箾韶則曰觀止蓋韶之後無韶則虞之後亦復無虞越何以虞哉雖然天下有治人無治法太羹之味淡朱絃之聲一唱而三嘆欲以虞之治治今猶之以結繩治虞也不得也妹土何風孟侯作而明德慎罰可以移舊俗箕子封朝鮮司馬相如入邛筰風教不殊于遠近矧夫佩聖人之遺如虞邑者畋爾田黍與稷翼弗弱于鄰

書在上庠禮在瞽宗發而爲服古匡時之器輩相望也何越之非虞抑虞之爲言樂也猶之唐言廣夏言大推其說而堯嶤舜僢禹寓義有取爾虞何弗樂乎然則有邑而樂之樂有虞則樂有志民其解慍而阜財者乎地其鼖鼓而軒舞者乎俗其家底豫而尸夔慄者乎昔有虞氏以孝治天下菁華而未竭矣考古者曰舜生於東土孟夫子曰諸馮諸馮則誠東矣其爲九州之揚與靑無深辨者而越之東水曰姚江著其姓津曰百官著其事邑之爲虞有自來矣逾千百年曹女以孝稱亦名其江漢篆唐歌詳禹而略

舜詳會稽而略虞邑蓋闕如也然豈與夕陽古祉荒草殘碑同一弔古而已哉昔有志今則新之是可以序

八

鄭　僑　康熙辛亥

虞邑乘之失記逾六十年所矣然井疆如舊山川依然其間歗聚之所躪鋒鏑之所加城郭廬舍之成毁何狀戶口之耗息幾何數也官長之撫字而教誨者善否奚政西門豹鄧晨之蹟可復講與民力不殫與風俗大復古與譽髦登進奚若物產之阜蕃孰最也豈無狷志表於當年或有高情寄諸巖壑然則虞志之當編輯信不容緩矣茲大府

漢陽張公綜貫經史旁暢百家登會稽探禹穴陟秦望之
高峯想沼吳之餘烈行山陰道上尋禊蘭亭挹王謝之風
流如相把臂凡曩昔奇蹤勝槩靡不屐至而神往之尤喜
汲人才訪謠俗興利舉廢討求掌故欲使八百里土風人
物輒一覽而囊括於目中故於方輿記載尤所重爰下教
屬邑集思耆彥採綴遺聞裒成信典余維虞舜封舊壤延
袤百里襟帶長江面山負海金罍檀燕仙人之都居釣臺
東山名賢之古宅湖光練明海濤霜白誠越邑之巨麗也
固宜有雅人雄筆揚扢簡書夫述往事貽來者別白是非

采善而貶惡良史之事也稽古右文修舉微墜考見民間得失以正風俗有司之職也余雖忸良史之才敢瘝有司之職乃延邑紳唐徐謝趙鍾諸君恪脊斯事所不敢者有五所難者有三不敢以曲筆貿眞不敢以柔腸阿俗不敢孤行一意以扞羣是不敢苟爲兩可以塈疑城不敢怙一日予奪之權竟顚千古是非之案比事屬詞難於簡而盡論定指歸難於婉而章考古斷疑難於辨而核存其五不敢去此三難庶幾評裁確當記著麗明然後懸諸國門傳之來葉可以釋其責負免於唾洟六十餘年之闕略燦然

於圖牒間所以殫心民社而黼黻
新朝者不無少補云

九　　　　阮　元　嘉慶己巳

樂成崔君宰上虞之次年敷政惟寬年豐民悅于是稽圖攷籍以邑志多未備未潔請事重脩延績學者佐其事再歷寒暑書成請余爲之序余維志與史相表裏記載掌故激濁揚淸剏始者恆失之簡續脩者援引附會又失之煩必如新唐書之文減於前事增于昔而後可稱無憾焉上虞自有志以來屢經脩葺第越歲既久津梁宮室之興廢

田賦版圖之因革職官選舉人文物產之薈萃往往隨時增益先後不同君於簿書之暇能相與攷核補綴條析縷分不遺不蔓非獨盛舉爲不可及其才學識三者皆過人遠矣是役也搜羅編輯經理不倦邑諸生朱文紹之功爲多因并及之

嘉慶八年 崔鳴玉

十

嘉慶八年余奉

命來令虞涖政之餘取邑乘而觀之漫漶殘缺不可卒讀蓋自康熙十年閒鄭令僑脩後迄今百三十載閱時既久

大而忠孝節義之顯晦水利農政之沿革細而民風物產
之異宜道路橋梁之增廢攷諸故老按諸圖經文獻闕
僅有傳者慨然欲修之旋予于役楚江又邑中同志乏人
志焉未逮夫虞自秦漢以來素稱望邑地靈人傑於兹爲
盛葢
國家深仁厚澤與民生養休息者已百五十餘年矣膺民
社者固宜激揚清濁振興文教庶幾風俗日茂人才輩出
使不網羅放失及時纂修上備輶軒之采伊誰之責也夫
歲乙丑復來令虞邑諸生朱文紹以重修邑志來請文紹

工古文詞留心掌故素以闡幽發微爲己任余欣諾遂以其事白阮中丞元中丞許可適仁和李君方湛來主承澤書院講席遂屬偕文紹及邑諸生陳以莊龔沛輩編輯之而余亦於公退之暇相與商確攷覈採訪務周抉擇務當並舊志之闕者補之允者節之體例之未合者更易之自丁卯夏開局至己巳春蕆事中丞細加校閱爲作序弁諸卷首嗟乎百餘年來賢士大夫不乏其人而竟遲之又久始得集事豈任事者之不力歟抑上與下之不克相與以有成耶爰不揣蕪陋識其顛末如右若夫修志之難前人

言之詳矣茲不復贅

十一

李岱 嘉慶辛未

邑有志凡邑皆然不獨上虞也上虞爲東越巖疆甬江孔道山水清淑民物繁庶故志之爲尤亟予于乾隆乙卯秋捧大吏檄權知縣事入其境欲考其山川風土人物之詳意惟志是賴逮讀志乃康熙辛亥歲所纂修相距百有餘年其間今昔不同應增修改削者難更僕數竊以爲欲治虞必先修虞志志修而後治虞者可按部從事不若瞽之無相然顧予代庖者也不兩月卽瓜代去安能理及志事

以是此衷耿耿者十有餘年矣茲予復承乏是邑下車之日詢及志知前邑宰崔君鳴玉修甫竣予狂喜稱快喜崔君之先得我心也是志也邑諸生朱文紹輩採訪編輯正於宰宰裁定間復加以論斷謂若者當慎守勿渝若者當隨時增損若者當益求其精愷惻痌瘝真父母之爲子孫計長久者噫他人之治邑者治其及治者而已崔君以治邑之宜著諸志俾繼之者得所循守是崔君於所不及治者皆治之繼崔君而爲治者皆崔君預治之朱生輩於因革損益之詳網羅勿失襄佐崔君積數年之勞而志成志

戍而崔君以遷轉去予以薄植步後塵惴惴焉惟恐覆餗
得是志而手一編以爲前事師崔君其教我矣崔君去矣
異日質疑問難與朱生暨諸父老尋求商搉庶幾其寡過
矣乎詩云不愆不忘率由舊章爰書此以爲他日驗

上虞縣志校續卷末　舊序